MAKEDONIEN
GRIECHENLAND
KLEINASIEN
Ephesos
Arados
(er-Ruad)
Byblos
Sidon
Tyros
Palmyra
(Tadmor)
Jerusalem
Petra
Alexandrien
Nil
ÄGYPTEN
Theben

Aubrey Menen

Ruinenstädte der Antike

Aubrey Menen

RUINENSTÄDTE DER ANTIKE

Von Leptis Magna bis Palmyra

Deutsch von Joachim Rehork

Lizenzausgabe 1991 für
Manfred Pawlak Verlagsgesellschaft mbH,
Herrsching

Veröffentlicht mit Genehmigung
des Verlages Thames & Hudson, London
Titel der englischen Originalausgabe:
Cities in the Sand

Umschlaggestaltung: Bine Cordes, Weyarn

Printed in Germany
ISBN 3-88199-880-2

Umschlagmotiv:
Das Felsenmonument von Petra

INHALT

EINFÜHRUNG: VON ALTEN UND KÜNFTIGEN RUINEN

In den vierziger Jahren schrieb Rose Macaulay ein Buch über verfallene Städte und das Vergnügen, das sie einem bereiten können. Einige dieser Städte hatte sie selbst gesehen, andere nicht, und in diesem Fall berief sie sich auf Autoren, die sie gesehen hatten, und zitierte deren Bücher. Es wurde ein faszinierender Band. Beim Navigieren durch seine Seiten sah ich mich fast außerstande, hier der Skylla des persönlichen Charmes Rose Macaulays, dort der Charybdis ihrer anziehenden, ansprechenden Prosa zu entgehen. Doch wie weiland Odysseus band ich mich am Mast fest und ging das gesamte Buch noch einmal durch, denn es beunruhigte mich.

Bei sämtlichen Gewährsleuten, auf die sie sich berief, entdeckte ich etwas Gemeinsames, das mir ganz und gar abging, ganz und gar fremd war. Sie fühlten sich dem überlegen, was sie sahen. Ihre eigene Kultur hielten sie für so viel besser als die Kulturen, vor deren Ruinen sie standen. Doch nicht genug damit – während sie mit ihren Moskitonetzen und Tropenhelmen, in Gedanken an Adjektiven feilend, durch die Trümmer stolzierten, konnte man sie fast sagen hören: »Hier, kraft meiner ausgezeichneten Erziehung, meiner humanitären Ansichten und meiner Wertpapiere in Goldschnitt, schreite ICH.«

Dann fielen Bomben auf London. Eine der Bomben traf Rose Macaulays Haus, legte es in Trümmer und machte es zu einer Ruine, an der sie nicht mehr das geringste Vergnügen empfinden konnte. Doch Rose Macaulay war eine redliche Autorin und fühlte sich verpflichtet, durch den Schutt Londons zu streifen, um ihr Buch abzurunden. Die Aufgabe ging über ihre Kraft. Rose Macaulay ergriff die Flucht. Sie verlegte sich darauf, die rußgeschwärzten Trümmer-Schuttmassen mit Phantasiegeschöpfen und Wildblumen zu beleben. Schließlich bricht das Buch unvermittelt ab. Ruinen, so erklärt seine Verfasserin, müßten »durch Kunst gemildert« werden, um reizvoll zu sein – eine »Phantasie, umhüllt vom Schleier düsterer, geheimnisdunkler Vorstellungen«.

Ich habe dies nie empfunden, und daher beunruhigte mich das Buch. Ich habe in zwei verschiedenen Kulturkreisen gelebt – in Indien und im Abendland. Keine der Kulturen, denen ich hier begegnete, schien mir besser und dauerhafter als Kulturen, die längst dahingesunken sind. Viele Jahre verbrachte ich in Rom. Etwa zwölf Meter unter dem Tisch, an dem ich diese Zeilen schreibe, liegen Überreste römischer Häuser. Tag für Tag habe ich all die Jahre Ruinen durchstöbert oder mich in irgendein Geschichtswerk vertieft. Und niemals gewann ich den Eindruck, daß die klassischen Kulturen des Altertums uns etwas voraus hatten oder daß wir ihnen überlegen wären. All die Kulturen, die die Menschheit je geschaffen hat, sind nichts als ein beklagenswerter Katalog vertaner Chancen. Die Bombe auf Rose Macaulays Haus ist die übliche Antwort auf menschliches Hoffen.

Zum Glück wurde die Schriftstellerin nicht getroffen. Den nächsten Bomben wird sie nicht mehr entgehen. Vor einigen Jahren verbrachte ein vierzehnjähriger englischer Junge seine Ferien bei mir in Rom, um seine ausgezeichnete Schulbildung auf die gleiche Weise wie Gibbon zu vervollständigen: durch die »große Bildungsreise«. Ich zeigte ihm Rom, Neapel und vieles andere mehr. Dann erklärte er mir eines Tages: Trotz allem, was seine Lehrer und ich ihm beigebracht hätten, wisse er doch nicht, wozu das alles gut sei. Ob ich es ihm wohl klarmachen könne? Nach langem Nachdenken faßte ich einen Entschluß und führte meinen Reisegefährten nach Deutschland, nach Dachau. Im Krematorium machte ich ihm klar: Alles habe sich so abgespielt, wie er es seinen eigenen Augen nicht zu glauben vermochte. Mehr noch: es liege durchaus im Bereich der Möglichkeiten, daß alles (oder sogar Schlimmeres) sich noch einmal abspiele – vielleicht erlebe ich es nicht mehr, möglicherweise aber jener junge Engländer. Ich gestehe: Nachdem wir die Stätte des Grauens verlassen und ich, wie ich es damals sah, meine Pflicht getan hatte, hatte ich das Gefühl, zu pessimistisch zu sein. Immerhin gab es noch Amerika. Doch dann schlug ich meine Zeitung auf und fand: Genau zur gleichen Stunde, als ich mit dem Jungen im Krematorium von Dachau stand, wog der Präsident der Vereinigten Staaten an einem Konferenztisch im Weißen Haus nüchtern das Für und

Wider des Einsatzes atomarer Waffen in Nordvietnam ab. Wir sind noch einmal gerade davongekommen, ebenso wie Rom knapp der Plünderung durch Attilas Hunnen entging. Doch in beiden Fällen war die Katastrophe zum Greifen nahe.

So werde ich in diesem Buch keinerlei Zeit damit verschwenden, irgend etwas mit Gebilden meiner eigenen Phantasie zu verschleiern, seien sie dunkel oder licht. Ich werde meine Leser nicht auf Mondscheinpartien entführen. Wir werden uns im hellen Tageslicht bewegen. Ich werde versuchen, Straßen, Tempel, Foren und Gefängnisse mit jenen Menschen zu beleben, die sich einst tatsächlich dort aufhielten. Ich werde mein Bestes versuchen, ihr Leben zu schildern, ihr Lieben, ihr Hoffen und ihre Angst. Man wird sehen: Sie sind ganz wie wir.

Auch diese Menschen lebten wie wir, in einer Welt, die einst stabil und heil zu sein schien, sich jedoch langsam, Stück um Stück, auflöste, zerbröckelte, zusammenbrach. Auch sie hatten keine Ahnung, wohin ihr Weg führte, doch fühlten sie, daß die Endstation wenig Reizvolles haben werde. Auch sie sehnten sich nach Frieden, Ruhe und einer Million auf der Bank.

Ich werde daher Praktiker sein, nicht Romantiker. Ich werde es sein müssen, denn die Menschen, mit denen sich mein Buch hauptsächlich beschäftigen wird, gehören zur Gruppe mit der ausgeprägtesten praktischen Begabung (vielleicht zu einer der erstaunlichsten Gruppen) in der Geschichte der Menschheit: den Semiten. Ihre praktische Begabung ging so weit, daß ich ohne sie diese Worte nicht niederschreiben (und daß niemand von Ihnen sie ohne sie lesen) könnte: gehört doch zu den bemerkenswerten Leistungen der Semiten die Erfindung des Alphabets ...

1 DIE PHÖNIKIER – HEIMAT UND HERKUNFT

1.1 Semiten

Ich weiß: »Semit« war einst ein Schimpfwort oder hatte zumindest einen herabsetzenden Beiklang. Mich hat dieses Wissen einiges gekostet. Mehrmals war ich in Jerusalem, und gewöhnlich schossen Juden und Araber gerade aufeinander. Ich habe mit beiden Parteien gesprochen. Bei meinen ersten Besuchen probierte ich, die Atmosphäre durch die Bemerkung abzukühlen, daß doch beide Seiten, Araber wie Juden, zur gleichen Familie gehörten und Semiten seien. Bald wußte ich es besser. In Jerusalem war »Semit« nicht nur ein schmutziges Wort – es war ein Schlachtruf!

Doch wie dem auch sei – ich habe die Absicht, dieses belastete Wort zu benützen, denn ich bin ganz sicher: Sobald die haarsträubenden Vorurteile des 20. Jahrhunderts erst einmal ausgestorben sind und wir die Schwelle zum 21. Jahrhundert überschreiten (falls uns dies vergönnt ist), wird das Wort »Semit« einen ebenso glanzvollen Beiklang haben wie heute die Bezeichnungen »Römer« und »Griechen«. Einen glanzvolleren vielleicht, denn es ist zweifelhaft, ob Römer und Griechen wirklich so viel mit unserer Lebensweise zu tun haben. Die Semiten aber ... Zurück zu Noah! Es gab ihn zwar nicht, aber er paßt gut in unsere Geschichte. Noah zeugte drei Söhne: Cham, Schem und Japhet. Diese drei wiederum riefen eine ungeheure Nachkommenschaft ins Leben, der es wohlerging, bis sie sich entschloß, in Babel einen Turm zu bauen. Sie waren so nahe am Himmel, daß Jahwe, um seinen himmlischen Frieden bangend, dem Bau durch Sprachverwirrung ein Ende bereitete.

Hier zeigt sich das Bild eines Volkes, das vergeblich versuchte, sich zu verständigen. Der Erfolg blieb aus. Doch nicht ganz. Die Nachkommen Schems (oder – nach der Lesart der Vulgata – Sems) hätten bemerken können, daß nach der Katastrophe, obwohl es eine

Anzahl von Stammesdialekten gab, ein Sem-Stamm mit einiger Anstrengung durchaus herauszufinden vermochte, was andere Nachkommen Sems sagten.

Das Zeugen ging weiter. Sems Nachkommen zeugten die Assyrer, die Babylonier, die Aramäer, die Kannaanäer, die Phönikier, die Araber und die Hebräer. Die Araber zeugten Harun al-Raschid und den Propheten Mohammed, die Hebräer Jesus und Karl Marx. Und wenn man heute einen Erdglobus langsam dreht, zeigt sich, daß Sems Nachkommen für den größten Teil der Menschheit das Denken übernommen haben.

Gewöhnlich brauchen die Nachkommen Chams und Japhets (manchmal sogar die Nachkommen Sems) einige Zeit, dies zuzugeben, doch es ist eine Tatsache. Wenn wir nicht glauben, daß die Semiten vom Ararat kamen, müssen wir uns damit abfinden, daß über ihren Herkunftsort keinerlei klare Nachrichten vorliegen. In der Morgendämmerung menschlicher Geschichte finden sich semitische Sprachen am Rand der arabischen Halbinsel, am Ostsaum des Mittelmeers und – landeinwärts – im heutigen Syrien bis nach Mesopotamien. Doch nicht genug: Einige der frühesten Belege stammen überraschenderweise aus Ostafrika. Sonach kamen wohl die semitisch sprechenden Völker – wie die Araber – aus der Arabischen Wüste. Im Gegensatz zur Meinung Thomas Edward Lawrences und anderer ausgezeichneter Autoren ist die Wüste ein schrecklicher Ort, wenn man in ihr leben muß, und wer dazu gezwungen ist, wird (abermals wie die Araber) von Sehnsucht verzehrt, ihr zu entkommen und sich dort niederzulassen, wo es bequemer ist. Die Wüste könnte sehr wohl Ursache für das Wandern und Drängen dieser Völker sein. Über Arabiens Frühgeschichte freilich wissen wir weniger als über die irgendeines anderen Landes.

Man wird bemerken, daß ich den plumpen Ausdruck »semitisch sprechende Völker« benutzt habe. Ich werde wieder von »Semiten« sprechen, doch sei klargestellt, was ich damit meine oder – wichtiger noch – nicht meine. Semiten sind keine »Rasse«. Nicht an ihrer Hakennase – zum Beispiel – erkennt man sie. Manche von ihnen haben sogar sehr gerade Nasen. Zum Glück, denn der Begriff »Rasse« hat in der Geschichte mehr Unheil gestiftet als so mancher andere. Vielmehr verbindet die Semiten eine im Prinzip gleiche Sprache und eine Weltanschauung, oder besser: eine Art, über die

Welt hinauszuschauen. Sie sind tief religiös. Religion mag viele Formen annehmen – vom Talmud und dem Koran bis zur Bergpredigt oder der Verbrennung von Säuglingen, deren verkohlte Gebeine man ehrfurchtsvoll eintopfte. Doch woran immer Semiten glaubten – ihr Glaube war tief. Ohne Religion fehlte ihnen das Rückgrat.

1.2 Die Erfindung des Alphabets

Ich weiß, für viele von uns hat es etwas Deprimierendes, doch wir müssen auf die Fußangel achten, die durch unsere Erziehung tief in der Vorstellungswelt der meisten heutigen Menschen verankert ist. Wir neigen dazu, wenn wir von Semiten sprechen, fast ausschließlich an die Juden zu denken. Dabei waren die Juden weit davon entfernt, »typische Semiten« zu sein. Sie waren viel zu glücklos. Die Landstriche, die sie mit unglaublichen Anstrengungen unterwarfen, flossen niemals von Milch und Honig. Alle anderen Semiten schwammen im Überfluß, allein die Juden waren und blieben die armen Vettern. Wie es scheint, hatten sie es zur Zeit Salomos zu einem gewissen Wohlstand gebracht, doch selbst dieser war alles andere als aufsehenerregend. Das Erste Buch der Könige macht viel Aufhebens vom Tempelbau. Anhand der dort zu findenden detaillierten Angaben haben Männer, ganz von ihrer Aufgabe besessen, ein großes, genaues Modell angefertigt, das den Zustand nach dem Neubau durch Herodes wiedergibt. Man besichtigt es auf einem Hügel außerhalb Jerusalems. Ich habe es gründlich betrachtet. Obwohl der Tempelbau sicher aufwendig war, vermochte er wohl nie durch seinen Glanz zu blenden. Wie mir scheint, spielte die Armut der Juden eine bedeutende Rolle bei der Ausformung des puritanischen, strengen Charakters ihrer Religion. Verständlich, daß es einen verstimmte, wenn den Nachbarn alles gedieh wie üppiger Lorbeer ...

Besonders mußte es auf die Galle schlagen, relativ nahe bei Städten wie Tyros und Sidon zu wohnen. Hier lebten andere Semiten, die Kanaanäer, und schwelgten im Überfluß. Wie es Wohlhabenden ansteht, war ihre Religion bequem, sogar lebensfroh. Einige ihrer Tempel waren Bordelle, in denen sowohl Frauen als auch junge Männer ihre Dienste feilboten. Niemand sonst im Altertum scheint etwas dabei gefunden zu haben, nur die Juden. Sie zählten diesen Brauch zu den Greueln ausschweifender Kapitalisten. Und genau dies waren die Kanaanäer.

Die Kanaanäer bewohnten den fruchtbaren Küstenstreifen, der heute Libanon heißt. Von seinen reichen Waldungen sind die »Libanonzedern« in die Geschichte eingegangen. Aber weitflächig ist er nicht. Berge engen ihn rückwärts ein, und seine Breite schwankt zwischen 50 und nur 12 Kilometern. Bald reichte er für seine Bewohner nicht mehr aus. Hätten sich die Kanaanäer auf ihre Landesprodukte beschränkt, wären sie nicht viel reicher gewesen als die Hebräer.

Aber sie fuhren zur See – gab es bei ihnen doch gute Häfen! Ägypten lag in Reichweite, und dort waren Bäume rar. So fällte man Zedern und verschiffte sie nach Ägypten. Und die Ägypter zahlten mit ihrem unermeßlichen Reichtum. Bald weitete sich der Handel auf andere östliche Mittelmeerrandgebiete aus. Zu bestimmten Jahreszeiten fuhren kanaanäische Seeleute auf festgelegten Routen, andere finanzierten zu Hause ihre Unternehmungen und strichen – wie die Spekulanten zur Zeit Königin Elisabeths – die Profite ein. Es war ein ruhiges Leben.

Vielleicht ließ ihnen gerade dieses ruhige Leben Muße, eine der bedeutendsten Erfindungen der Weltgeschichte auszutüfteln: das Alphabet. Ihre ägyptischen Handelspartner hatten ein Schriftsystem entwickelt, das wir als »Hieroglyphen« bezeichnen. Es war von bemerkenswerter Formschönheit, doch schwer zu handhaben. Grob gesagt, bestand es aus kleinen, stilisierten Darstellungen der Dinge, die man ausdrücken wollte. Aus dieser simplen Urform entwickelte

Die wohl älteste bekannte Alphabetschrift (etwa 14. Jahrhundert v. Chr.) aus Ugarit (Ras Schamra [Syrien]).

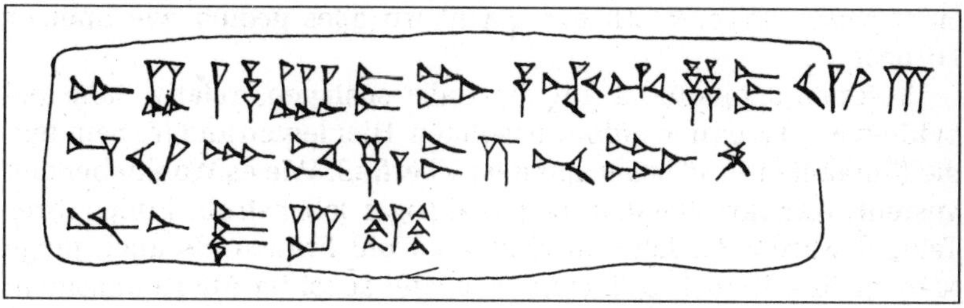

es sich weiter, doch nur bis zu einer bestimmten Grenze. Man begann, das Abbild eines Gegenstandes in beliebigem Zusammenhang zur Wiedergabe seines Anfangslautes zu benutzen, doch das Schreiben von Hieroglyphen verschlang noch immer ungeheuer viel Zeit.

Etwa im 2. Jahrtausend v. Chr. verfielen die Kanaanäer auf ein völlig neues System. Sie gaben nun die Sprachlaute durch Buchstaben wieder. Die Schriftsymbole waren von äußerster Einfachheit.

Allerdings kann man nicht gerade behaupten, die Kanaanäer hätten die Erfindung des Alphabets einfach aus der Luft gegriffen. Inschriftenfunde auf Sinai stützen die Annahme, daß es bereits gewisse Ansätze einer Alphabetschrift gab. Doch ist dies sehr unsicher und unter den Gelehrten umstritten. Fest steht: Die Kanaanäer erfanden ein brauchbares Alphabet und wandten es auch an.

Dank der Handelsreisen kanaanäischer Seeleute verbreitete sich die überaus nützliche Erfindung rasch. Man führte sie auf den Inseln der Ägäis ein, wo sie das griechische Alphabet entstehen ließ. Aus diesem entwickelte sich bei den Römern unser ABC. Und bei den Römern blieb es nicht.

1.3 Gespräch mit meinem Onkel

Der Handel dieses bemerkenswerten Volkes beschränkte sich nicht auf Ägypten, nicht auf die Ägäis. Nach Italien und Sardinien lenkten sie ihre zerbrechlichen Boote. Bei den Wilden Nordafrikas landeten sie. Sie trieben Handel an Spaniens Küste, wagten sich weiter in den Atlantik hinaus und von hier in die Nebelbänke Britanniens und der Nordsee. Südwärts wandten sie sich nach Arabien und Persien. Auf dem Indischen Ozean stießen sie bis an die Malabarküste (heute Kerala) vor. Überallhin brachten sie ihr Alphabet.

Diese Fahrten waren so episch wie die der Wikinger, doch kein Epos feiert sie. Es gibt kein Gedicht über sie, und niemand hat einen Film über sie gedreht. Der Grund: Die Kanaanäer töteten niemanden, brannten niemandes Städte nieder und stahlen niemandes Land. Sie kauften es nicht einmal, wenn sie eine Niederlassung gründeten. Karthago – eine davon – zahlte den ursprünglichen

→ Die Entwicklung des Alphabets aus seinen seminitischen Urformen.

Hebräischer Buchstabe	Hebräisch	Phonetischer Wert	Ahiram-sarkophag	Elibaal (Statue Osorkons I.)	Sibittibaal	Mesastein	Bilinguis von Karatepe	Punisch	Neuphönikisch	Frühgriechisch	Neugriechisch	Lateinisch	Griechischer Buchstabe
ʿalef	א	ʾ	𐤀𐤀	𐤀	𐤀𐤀	𐤀	𐤀	𐤀	𐤀	Α	Α	A	alpha
bēt	ב	b	𐤁𐤁	𐤁	𐤁	𐤁	𐤁	𐤁	𐤁	Β	Β	B	beta
gīmel	ג	g	𐤂	𐤂	𐤂	𐤂	𐤂	𐤂	𐤂	Γ	Γ	G	gamma
dālet	ד	d	𐤃	𐤃	𐤃	𐤃	𐤃	𐤃	𐤃	Δ	Δ	D	delta
hē	ה	h	𐤄𐤄			𐤄	𐤄	𐤄	𐤄	Ε	Ε	E	epsilon
waw	ו	w	𐤅𐤅	𐤅	𐤅𐤅	𐤅	𐤅	𐤅	𐤅	Ϝ		V	digamma
zajin	ז	z	𐤆		𐤆	𐤆	𐤆	𐤆	𐤆	Ι	Ζ	Z	zeta
het	ח	ḥ	𐤇𐤇		𐤇	𐤇	𐤇	𐤇	𐤇	Η	Η	H	eta
tet	ט	ṭ	𐤈		𐤈	𐤈		𐤈	𐤈	⊗	Θ		theta
jōd	י	y	𐤉	𐤉	𐤉	𐤉	𐤉	𐤉	𐤉	Ι	Ι	I	iota
kaf	כ	k	𐤊	𐤊	𐤊𐤊	𐤊	𐤊	𐤊	𐤊	Κ	Κ	K	kappa
lāmed	ל	l	𐤋	𐤋	𐤋	𐤋	𐤋	𐤋	𐤋	Λ	Λ	L	lambda
mēm	מ	m	𐤌𐤌	𐤌	𐤌𐤌	𐤌	𐤌	𐤌	𐤌	Μ	Μ	M	my
nūn	נ	n	𐤍	𐤍	𐤍	𐤍	𐤍	𐤍	𐤍	Ν	Ν	N	ny
sāmech	ס	s	𐤎			𐤎		𐤎	𐤎	Ξ	Ξ		xi
ʿajin	ע	ʿ	𐤏	𐤏	𐤏	𐤏	𐤏	𐤏	𐤏	Ο	Ο	O	omikron
pē	פ	p	𐤐𐤐	𐤐	𐤐𐤐	𐤐	𐤐	𐤐	𐤐	Γ	Π	P	pi
sadē	צ	ṣ				𐤑	𐤑	𐤑	𐤑	Μ			
qōf	ק	q			𐤒	𐤒	𐤒	𐤒	𐤒	Ϙ		Q	
rēš	ר	r	𐤓	𐤓	𐤓𐤓	𐤓	𐤓	𐤓	𐤓	Ρ	Ρ	R	rho
šin	ש	š	𐤔	𐤔	𐤔𐤔	𐤔	𐤔	𐤔	𐤔	Σ	Σ	S	sigma
tāw	ת	t	𐤕𐤕	𐤕	𐤕𐤕	𐤕	𐤕	𐤕	𐤕	Τ	Τ	T	tau
Wahrscheinl. Datierung der Inschrift (Schriftprobe)			Anf. 10. Jh. (?)	um 915 v. Chr.	Ende 10. Jh.	um 850 v. Chr.	8. Jh. v. Chr.	5. Jh. u. später	2. Jh. u. später	8. Jh. u. später			

Grundbesitzern jahrhundertelang Pacht. Ihr einziges Interesse galt dem Handel.

Ich sagte, die Kanaanäer erreichten Kerala tief in Südindien. Von dort stammt meine Familie. Eines Tages spazierte ich mit meinem Onkel durch unseren Grundbesitz. Ich war zwölf Jahre alt. Mein Onkel trug ein einfaches Kleidungsstück, das von der Hüfte auf seine Fußgelenke herabfiel – die orthodoxe Kleidung der Nayaren, unserer Kaste. Wie gewöhnlich sprach er über unsere Familie.

Er deutete auf eine Kletterpflanze, die einem Weinstock ähnelte. Ob ich wisse, was das sei? Ich wußte es nicht. Er brach einige Kügelchen ab und gab sie mir zu kosten. Sie brannten auf der Zunge. »Es ist Pfeffer«, sagte er, »der feinste Pfeffer, den es gibt. Das war er immer. Seit zweitausend Jahren verkaufen wir ihn.« Nun hatte ich am immensen Alter unserer Familie zu zweifeln begonnen. Gewiß, wir saßen schon in Kerala, als Vasco da Gama gen Kalikut segelte: Wir verschworen uns, ihn umzubringen. Doch im Grunde war das noch nicht lange her. Zweitausend Jahre waren etwas anderes. Jungen von zwölf Jahren sagen nicht viel. Doch immerhin konnte ich eine skeptische Miene aufsetzen. Meinem Onkel fiel es nicht schwer zu erraten, was ich dachte. So führte er mich in eines der großen, kahlen Häuser, die unserer Familie gehörten. Bei einer alten Holztruhe hockte er sich auf den Zementboden und nahm einen kleinen Lederbeutel heraus. Ich mußte die Hände aufhalten, und er schüttete einen Haufen Münzen in sie hinein. Sie waren aus Silber, stark abgegriffen und zeigten als Prägung einen Kopf. Ich las die Münzlegenden und begriff sogar mit meinem Schullatein: Es waren Münzen aus der Zeit des Kaisers Augustus!

»Man fand sie«, sprach mein Onkel, »keine Meile von hier in einem alten Tempel. Die Römer hatten eine Vorliebe für unsere Gewürze. Daher verkauften wir diese an Zwischenhändler, die sie wieder den Römern verkauften. Das tun wir noch immer. Nur daß die Römer heute Italiener heißen. Wenigstens«, so sagte er und unterbrach sich mit einem genießerischen Kerala-Gähnen, »wenigstens *glaube* ich, wir tun es noch immer. Handel interessiert mich nicht. Ich überlasse diesen ganzen Kram dem Agenten.«

Der Agent war ein bulliger Engländer in Khaki-Shorts, der sich in der englischen Grammatik viel schlechter auskannte als mein Onkel und das auch wußte. Man kannte ihn als *box-wallah,* den Mann mit einer kleinen Schachtel, in der er Warenproben und Rechnungen sammelte. Einmal im Jahr tauchte er auf und wurde mit ausgesuchter Höflichkeit behandelt, denn er war *geschäftlich* da.

Mein Onkel war hochgebildet. Er las und schrieb Sanskrit, eine ziemlich schwierige Sprache. Ich denke, er wußte, daß er die Alphabetschrift gewöhnlichen Kaufleuten verdankte, denn Nachfolger der Kanaanäer hatten ihm auch jene römischen Münzen gebracht und sie gegen Pfeffer eingetauscht. Und das ist nun der Ärger. Wir leben heute in einer vom Kommerz geprägten, durch und durch kommerzialisierten Welt. Die überwiegende Mehrzahl von uns verbringt ihr Leben mit dem Verkauf und Kauf oder mit der Herstellung von Gegenständen, die ge- und verkauft werden. Erzogen werden wir jedoch, als wären wir durchweg kultivierte Patrizier wie mein Onkel, die durch ihre Besitztümer stolzieren. Man erzählt uns etwa von der Geschichte des Altertums, doch es ist Geschichte nach dem Geschmack ganzer Generationen von Landedelleuten: Geschichte von Caesaren und Pharaonen, Geschichte von Kriegen und Reichen, Geschichte von Schriftstellern und Künstlern. Tag für Tag, wenn ich mein Haus verlasse, erblicke ich ernste Leute beim Kolosseum, auf dem Forum und auf dem Palatin. Sie absolvieren ihre obligatorischen Besichtigungen, alle in tiefes Nachdenken versunken (oder sich tiefe Gedanken wenigstens wünschend). Doch vor allem *ein* Monument in Rom sollte unsere Phantasie anregen: ein Hügel mit dem Namen Testaccio. Er ist 35 Meter hoch, und Gras und Unkraut wuchern auf ihm wie auf anderen Erd- und Steinhügeln auch. Steigt man hier allerdings hügelan und scharrt mit dem Fuß in den Flanken der Anhöhe, so kommt mit ziemlicher Gewißheit der Henkel einer Amphore zum Vorschein – eines jener zweihenkligen Tongefäße, in denen antike Händler Wein, Öl und daneben ein ganzes Dutzend anderer Produkte nach Rom brachten. Wenn man hier eine Scherbe einsteckt, wird man nicht zum Gesetzesbrecher, denn der gesamte, weitgedehnte Hügel besteht aus Scherben. Dicht daneben, am Tiber, befand sich ein Hafen. Aus irgendeinem unbekannten Grund schichtete man hier Scherben auf, bis sie einen ganzen Hügel bildeten.

Rombesucher kümmern sich um diesen Hügel so wenig, daß die Stadtverwaltung ihn als geeigneten Platz für die Errichtung von Schlachthöfen ansah. Man achtet so wenig auf ihn, daß die Straßen ringsum zum trostlosesten, traurigsten Winkel in ganz Rom wurden.

1.4 Tyros und Sidon

In den ersten Jahrhunderten der Geschichte Kanaans waren Tyros und Sidon die Hauptstädte der Kanaanäer. Praktisch nichts ist aus dieser Phase übriggeblieben, doch in ihrer Blütezeit muß es ein faszinierendes Erlebnis gewesen sein, durch ihre Märkte zu streifen. Ein Blick auf die Karte läßt erkennen, wie günstig sie an der Nahtstelle zwischen der östlichen und westlichen Hemisphäre lagen. Die Kanaanäer waren die Mittler zwischen beiden. Der Westen freilich war damals Barbarenland. Doch es gab Silber in Spanien und Britannien, Eisen auf Sardinien und Elba.

Die dortigen Bewohner hatten kaum einen Begriff vom Wert dieser Materialien – eine traumhafte Voraussetzung für Geschäftsleute. Die Kanaanäer ließen ihre Kiele auf Land laufen. Die Einheimischen kamen von ihren Hügeln herab, stapelten ihr Metall auf und zogen sich wieder in ihre Dörfer zurück. Nun betraten die Kanaanäer das Ufer, sahen sich die Gaben an und taxierten ihren Wert. Dann holten sie Tuche, Flitterkram, Töpfe und Tand hervor, den die Einheimischen haben wollten, stapelten ihrerseits ihre Waren auf und begaben sich auf die Schiffe zurück. Erneut stahlen sich die »Eingeborenen« hervor, machten sich über »ihre« Stapel her und prüften, ob sie einen guten Tausch gemacht hatten. Gewiß hielten sie die Kanaanäer für Narren, weil sie so wertvolle Dinge gegen Steine eintauschten, und so sicher wie Tag und Nacht lachten sich auch die Kanaanäer ins Fäustchen – wie eben Kaufleute, wenn sie überzeugt sind, vollendete Einfaltspinsel vor sich zu haben. Die Schiffe wurden beladen, und ab ging die Fahrt – zurück nach Tyros und Sidon.

Dort bot sich ein romantischerer Anblick. Es gab das hervorragende Leinen Ägyptens. Es war von einer nie wieder erreichten Feinheit. Es gab Elefantenstoßzähne aus Afrika, Löwenhäute und Pantherfelle, feurige Weine aus der Ägäis und bemalte griechische Trinkschalen. Vor allem gab es Juwelen aus dem Orient: Perlen, Diamanten, Smaragde, Rubine aus Indien und dazu nicht minder wertvolle Dinge wie Räucherwerk, dessen Duft religiöse Riten umwehte und die Dünste offener Abflußkanäle von empfindlichen Nasen fernhielt. Und natürlich gab es Pfeffer.

Doch das Leben in Tyros und Sidon war nicht nur Geschäftigkeit und Hektik. Es gab auch Kunsthandwerker. Nach den wenigen

Erzeugnissen zu urteilen, die sie der Nachwelt hinterließen, gehörten sie nie zur Spitzenklasse. Wie reiche Leute stets, bezogen die Kanaanäer ihre Luxusgüter von auswärts. Doch eine Industrie gab es bei ihnen, die das Altertum und auch unsere Welt noch prägte: In den Gewässern von Tyros und Sidon lebte eine Stachelschnecke, die einen besonders intensiven und geschätzten Farbstoff lieferte. Er war sehr teuer, und so wurden Gewänder in dieser Farbe zum Maßstab des Reichtums, zum Statussymbol – so weit ging dies, daß in Rom das Tragen derartiger Kleider durch Gesetz der herrschenden Machtelite vorbehalten war. Nur ihr war es gestattet, ein Band dieser Farbe am Saum der Toga zu tragen. Kaiser freilich konnten sich soviel davon leisten, wie sie wollten, und sogar die Wände ihrer Gemächer damit drapieren. Wir kennen noch immer die Redewendung: »Im Purpur geboren«. Um Purpur allerdings, wie man jahrhundertelang glaubte, handelte es sich nicht. Erst in jüngster Zeit waren Archäologen neugierig genug, jene Muscheln zu sammeln, zu zerbrechen und die Farbgewinnung zu rekonstruieren. Es ergab sich ein besonders intensives Rot, ähnlich dem Rot der Kardinalsroben: eine noch immer als Auszeichnung geltende Farbe. Noch immer lieben es Präsidenten und Premierminister, bei Staatsbesuchen über rote Teppiche zu schreiten.

So berühmt war dieser Farbstoff in der Antike, daß man den Kanaanäern einen von der griechischen Bezeichnung seines leuchtendroten Tons abgeleiteten Namen gab. Jeder nannte sie »Phönikier«, nur sie selbst nicht. Sogar als sie rings um das Mittelmeerbekken verstreut waren, erinnerten sie sich noch immer ihrer Heimat. Bis zum Ende ihrer langen Geschichte nannten sie sich Kanaanäer.

1.5 Zwei Könige

Ich habe, glaube ich, genug über die Phönikier gesagt, um deutlich zu machen, daß sie zu den interessantesten Völkern des Altertums gehörten. Wie es scheint, hatten sie von sich selbst keine so hohe Meinung. Sie hinterließen keine Geschichtsschreibung. Die Griechen fanden sich selbst so faszinierend, daß sie nicht nur ihre Geschichte aufzeichneten, sondern die Geschichtsschreibung überhaupt erfanden. Die Phönikier stellten keine Obelisken auf wie die Ägypter, ließen nicht – wie Assyrer und Perser – Inschriften in Felsen hauen. Sie hatten viel zu viel damit zu tun, Geld zu verdienen und ihr Wohlleben zu genießen. Um etwas über sie zu erfahren, müssen wir zusammensetzen, was ihre Nachbarn über sie äußerten, oder mit dem Spaten die spärlichen Reste ihrer Städte durchwühlen, um die Gräber ihrer Könige freizulegen. Aus diesen Quellen wissen wir: Sie erlebten ihre Höhen und Tiefen ebenso wie andere Völker auch, ihre Triumphe und Katastrophen. Sie prahlten nicht mit den einen und hielten sich auch bei den anderen nicht allzu lange auf.

Woher sie kamen, wissen wir nicht. Um 3000 v. Chr. waren sie bereits im Libanon anzutreffen. Vielleicht hausten sie seit jeher dort, vielleicht kamen sie auch aus dem Hinterland. Wahrscheinlich gab es keinen Unterschied zwischen ihnen und anderen Semiten – bis auf einen einzigen: Sie trieben Seefahrt, was außer den Arabern kein anderes semitisches Volk tat, und sogar diese, so gute Seeleute sie auch wurden, bevorzugten in der Regel trockenes Land.

Im – grob gerechnet – ersten Jahrtausend ihrer Existenz hatten die Phönikier keine sonderliche Bedeutung. Sie standen im Schatten zweier großer Kulturen: der ägyptischen und der minoischen. Waren die Ägypter ausgesprochene Landratten, so waren demgegenüber die Minoer als Seefahrer unübertroffen. Sie errichteten ein Seereich, angesichts dessen sich die Seefahrt der Phönikier mit ihren eher bescheidenen Booten recht kläglich ausnahm.

Dann brachen in dichter Folge Ereignisse herein, die den Historikern Anlaß boten, von einer Zeit der Wirren zu sprechen. Tatsächlich liegen Anhaltspunkte dafür vor, daß der gesamte östliche Mittelmeerraum unter dem Druck von Eindringlingen aus dem Innern des Kontinents stand. Die Invasoren waren brutal, sie richteten Zerstörungen an. Die hochentwickelte, fast überfeinerte Kultur der Minoer brach unter ihrem Ansturm zusammen. Große Städte wie Knossos sanken in Trümmer. Das Seereich war dahin, und das Mittelmeer stand offen. Die Phönikier nutzten ihre Chance. Sie segelten ihre Routen ab, nicht um ein neues Reich zu gründen, sondern um ihrer friedlichen Handelsleidenschaft zu frönen. So weit waren sie vom Gedanken an ein Reich entfernt, daß sie sich nicht einmal Mühe gaben, sich zu einer Nation zusammenzuschließen. Ihre Städte gediehen. Tyros und Sidon wurden reich. Es wäre nur zu verständlich gewesen, wenn der Herrscher einer dieser Stadtstaaten versucht hätte, die anderen zu unterwerfen. Dies aber geschah nie. Jede Stadt begnügte sich mit ihrem eigenen Territorium innerhalb ihrer Grenzen und mit den Einkünften aus dem Handel. Man ist versucht, sich auszumalen, wieviel Jammer und Elend der Welt erspart geblieben wären, wenn auch andere Völker einen derartigen Gemeinsinn an den Tag gelegt hätten.

Andererseits beunruhigten die Phönikier ihre Nachbarn zutiefst. Unter den Anrainern ihrer Städte galten sie als blasiert. Einen Hebräer reizten sie – so weit ging dies! – zu einem Zornesausbruch, der zu den eindrucksvollsten Prosa-Passagen der Weltliteratur gehört. Bis zum heutigen Tag ist er in der Bibel nachzulesen. Der Prophet Ezechiel entwirft anfangs ein leuchtendes Bild vom Reichtum und Wohlleben des Königs von Tyros. Doch dann ändert sich plötzlich sein Ton, und mit Donnerworten prophezeit er die totale Vernichtung der Stadt – solche Worte waren wohl Musik in den Ohren seiner mit dem Schicksal hadernden Zuhörer im Babylonischen Exil (Ezech. 28,11 ff): »Und das Wort des Herrn wurde mir zuteil, und (der Herr) sprach: ›Menschensohn! Wehklage über den König von Tyros! Und sprich zu ihm: Wort des Herrn: Du bist ein reinliches Siegel, voller Weisheit und über alle Maßen schön ... mit allerlei Edelsteinen geschmückt: mit Sarder, Topas, Demant, Türkis, Onyx, Jaspis, Saphir, Amethyst, Smaragd ... Du warst ohne Tadel in deinem Tun von dem Tage an, da du erschaffen wurdest, bis deine Missetat offenbar wurde. Denn angesichts deines reichen Handels hat dich Frevel erfüllt und du hast dich versündigt, darum habe ich dich ausgegossen vom Berge Gottes und dich zerstört ... Alle, die dich unter den Völkern kennen, werden über dich entsetzt sein, denn du bist zunichte geworden und wirst dich nie mehr erraffen.‹« Ezechiel hatte recht. Tyros wurde zerstört, doch zuvor bestand es viele Jahrhunderte lang. Die Phönikier besaßen nicht den geringsten Anflug von Heroismus, aber wenn es sein mußte, konnten sie auch kämpfen. So überstand Tyros eine dreizehnjährige Belagerung durch Nebukadnezar. Doch lieber verzichtete man auf Kampf. Um so öfter kamen ihre Nachbarn und Kunden auf die Idee, ihren »Laden« zu plündern, statt für die empfangene Ware zu bezahlen. Den Anfang machten die Ägypter. Sie eroberten den Libanon. Anscheinend leisteten die Phönikier kaum Widerstand, lieber zahlten sie den vom Pharao auferlegten Tribut. Auf die Ägypter folgten die Assyrer. Ihr

König – Tiglatpilesar I. – hinterließ uns einen Bericht: »Damals marschierte ich längs des Libanon-Gebirges und zog zum Großen Meer beim Amurru-Land. Im Großen Meer wusch ich meine Waffen und opferte den Göttern. Den Tribut der Könige der Küste, der Völker von Tyros, Sidon, Byblos, Machalata, Maisa, Kaisa, Amurru und Arados, das mitten im Meer liegt: Silber, Gold, Blei, Kupfer, Bronzegefäße, Gewänder aus leuchtendgefärbter Wolle, Leinentuche, einen großen Affen, einen kleinen Affen, Ahornholz, Buchsbaumholz, Elfenbein und ein *nahiru,* ein Geschöpf des Meeres, empfing ich als Tribut von ihnen, und sie umarmten meine Füße.«

Selbstverständlich gab es auch Könige von Tyros, denen das übliche Geschick der Phönikier fehlte oder die der Ehrgeiz plagte. Sie führten ihre Stadt in den offenen Aufruhr, der stets niedergeschlagen wurde. Doch Tyros überlebte. Tribute wurden auferlegt und bezahlt, und trotzdem wuchs der Reichtum der Phönikier. Einmal war Tyros' Schwesterstadt Sidon zerstört, doch nur, um sich ihrerseits wieder zu erholen. Damals war es üblich, daß ein Eroberer die Bevölkerung einer aufständischen Stadt teils niedermetzeln, teils in die Sklaverei verkaufen ließ. Den Phönikiern widerfuhr derartiges nie, und ich werde sagen, warum. Zuvor jedoch möchte ich ein Bild der freundlichen, um nicht zu sagen herzlichen Beziehungen entwerfen, die dieses außergewöhnliche Volk mit einem seiner Nachbarn verbanden. Quellen sind teilweise die Annalen der Stadt Tyros, teilweise die Bibel.

Hiram, der König von Tyros, kannte David, den König von Juda, jenen David, der Goliath geschlagen und nackt vor der Bundeslade getanzt hatte. Hiram hatte David sehr geliebt, und als er hörte, dessen Sohn Salomo habe den Thron bestiegen, sandte er eine Delegation, um Davids Nachfolger zu beglückwünschen (I. Könige 5,15). Umgekehrt schickte auch Salomo Gesandte zu Hiram und ließ diesen erinnern: David, Hirams Freund, habe stets gewünscht, dem Herrn einen Tempel zu bauen. Doch sei er wegen seiner Kriege nicht dazu gekommen. Nun aber sei seinem Sohn die Aufgabe zugefallen (I. Könige 5,16ff.). Überall herrsche nun Frieden, und Salomo denke daran, seine Pflicht gegenüber dem Andenken seines Vaters zu erfüllen. Er wolle einen Tempel bauen, dafür brauche er Zedernholz vom Libanon. Salomo bat Hiram, ihm dazu zu verhelfen, denn »niemand versteht so, Holz zu behauen, wie die Phönikier« (I. Könige 5,20). Hiram freute sich, helfen zu können, und auch Salomo war begeistert. Er bot Hiram für den Bau 20 000 Maß Weizen und 20 Maß reines Öl an (I. Könige 5,25).

Aber die Phönikier verstanden sich nicht nur aufs Bäumefällen, sondern hatten auch überragende Fähigkeiten als Baumeister entwickelt. Salomo begrüßte die Handwerker und hieß sie an die Arbeit gehen. Man brauchte einen Entwurf für den Tempel. Mit bemerkenswerter Aufgeschlossenheit übernahm Salomo das Modell von Hirams Tempel in Tyros – trotz der allbekannten Greuel, die sich darin abspielten. So kam es, daß die Bundeslade jenes Gottes, den der Anblick des Goldenen Kalbes einst so ergrimmt hatte, nun in einem von »Götzendienern« erbauten Heiligtum aufgestellt wurde. Sie wurde mit Gold verziert, und auch das kam von Hiram. Die gesamte Transaktion erwies sich als so erfolgreich, daß Salomo Hiram 20 Dörfer in Galiläa überließ. Doch nun verdüstert sich die Beziehung beider. Hiram besichtigte die Dörfer. Die Überlieferung sagt frei heraus, was passierte: »Aber als Hiram dorthin kam und sie besichtigte, war er unzufrieden mit der Gabe«, so heißt es, »und ließ Salomo wissen, er brauche sie nicht«.

Doch selbst diese Auseinandersetzung wurde beigelegt. Für Geschenke mußte man damals bezahlen. Die Bibel berichtet: Hiram schluckte seinen Zorn hinunter und zahlte 120 Goldtalente (I. Kön. 9,10–14).

Salomo aber hatte eine hohe Meinung von seiner Intelligenz. So schlug er Hiram vor, sich gegenseitig Rätsel aufzugeben. Sollte einer keine Lösung wissen, habe er ein Pfand zu zahlen (natürlich ein Pfand von königlichem Zuschnitt). Hiram stimmte zu, und Salomo sandte die ersten Aufgaben. Hiram mußte gestehen: Die Antworten wußte er nicht. Er zahlte den Preis und ruinierte sich dadurch fast. Aber so leicht war er nicht zu schlagen. Noch einmal ging er die Rätselfragen durch (oder ließ sie von einem Weisen durchgehen), und nun fand er die Lösung. Nun stellte er seinerseits Fragen an Salomo, und dieser fand – trotz seiner Weisheit – die Antwort nicht. Anscheinend fehlte ihm die Genialität der Phönikier. Salomo mußte sich geschlagen geben. Er zahlte Hirams Pfand zurück und obendrein eine hohe Summe als Preis für sein eigenes Versagen.

Die Beziehung dieser beiden Männer ist ein höchst sympathischer Zug, weit sympathischer als die gehässigen Tiraden Ezechiels. Doch am Ende behielt der Prophet recht. Unter der Herrschaft von Assyrern, Babyloniern, Persern, Makedoniern und Römern konnte Tyros sich behaupten. Es hatte Bestand. Sein Wohlstand und seine Leistungskraft blieben ungebrochen. Wenn Kleopatra sich ankleidete, legte sie durchsichtige Seidengewänder an, die man nur in Tyros zu weben verstand. Schließlich aber wurde Tyros doch zerstört, genau wie Ezechiel es prophezeit hatte. Araber legten die Stadt in Trümmer. Allerdings geschah dies erst 1291 n. Chr., als der Unglücksprophet schon mehr als 1800 Jahre im Grabe lag.

2 AUF FREMDEM BODEN – PHÖNIKIER IN AFRIKA

2.1 Seefahrer

Die Phönikier entgingen hauptsächlich deshalb der Ausrottung und der Sklaverei, weil sie ausgezeichnete Seeleute waren. Ein König, der als Eroberer kam, konnte sein Heer durch Wüsten und über schroffe Gebirge kommandieren. Früher oder später jedoch kam er an die Mittelmeerküste. Wollte er weiter, mußte er Schiffe chartern. Bevor Alexander der Große und sein Vater Philipp die Phalanx erfanden, war Kriegführung eine simple Angelegenheit. Man schlug mit dem Schwert um sich, warf Speere, verschoß Pfeile und schleuderte Steine – all dies läßt sich einem Knaben in nur einem Monat beibringen. Selbst heute, da es weit komplizierter zugeht, genügen 90 Tage, um aus einem »ungeschliffenen« Zivilisten einen voll ausgebildeten Soldaten zu machen.

Die Kriegerscharen der Ägypter, Assyrer, Babylonier und Perser waren im Grunde Banden. Kriegskunst bestand darin, die größere Bande zu haben. Man hielt bei Schlachtbeginn den eigenen Haufen vom Davonlaufen ab, indem man Belohnungen, Beute und Raubgut versprach oder im äußersten Fall androhte, jeden Zehnten an die Wand zu stellen, wenn die Truppen es an Mut fehlen ließen. Bei einem Sturm auf See aber nützt es nichts, eine bestimmte Anzahl von Matrosen über Bord zu werfen. Man befindet sich in der Hand des Kapitäns und seiner Mannschaft, und die einzige Hoffnung liegt darin, daß die Schiffsbesatzung weiß: Wenn einer untergeht, gehen alle unter. Mehr noch: Seeleute lassen sich nicht in einigen Tagen ausbilden.

Als es noch keine Seekarten und Leuchtfeuer gab, war Seefahrt eine Kunst, die sich vom Vater auf den Sohn vererbte. Noch heute ist es im Mittelmeergebiet so. An der Küste Norditaliens liegt ein Dörfchen mit einem winzigen Hafen: Camoglie. Generationen von Seeleuten sind jahrhundertelang aus Camoglie hervorgegangen. Noch immer fahren sie in aller Welt zur See.

Warum waren die Phönikier als einzige Semiten so hervorragende Seeleute? Natürlich lag ihre Heimat am Mittelmeer. Doch das galt auch für die Etrusker, die nur unter größter Vorsicht mit winzigen Booten so etwas wie eine Küstenschiffahrt zustande brachten. Rom lag praktisch an der Küste, doch die Römer selbst gaben zu, auf dem Wasser erschreckend ungeschickt zu sein. Die Griechen mit ihren Buchten und Inseln lernten früh, mit Booten umzugehen. Doch sogar sie empfanden tiefe Bewunderung für die Phönikier, besonders für deren Disziplin an Bord, die griechischen Matrosen fehlte. Eine tragfähige und rasche Antwort auf die Frage, warum die Phönikier so seetüchtig waren, gibt es nicht. Da dem so ist, kann ich mir vielleicht eine kleine Spekulation erlauben. Auch zwei andere Nationen haben besondere Meisterschaft auf See erreicht: die Engländer und die Holländer. In beiden Fällen läßt sich eine Passion für den Handel beobachten. Beide sind Nationen von Kaufleuten, ebenso wie es die Phönikier waren. Vielleicht besteht hier ein gewisser Zusammenhang. Händler sind Pragmatiker, und Segeltechnik ist eine äußerst pragmatische Angelegenheit.

Die Phönikier besaßen drei verschiedene Schiffstypen: zunächst ein langes, schlankes Schiff, ein wenig an ein Wikingerschiff erinnernd, das kriegerischen Zwecken (nämlich der Deckung der Handelskonvois) diente. Die Handelsflotte bestand aus größeren, wohlbeleibten Fahrzeugen. Beide Typen wurden von Ruderern mit Langblattriemen angetrieben, bei günstigem Wind auch von einem einzigen Segel, das die Form eines Trapezoids hatte. Außerdem benutzte man für kürzere Abstecher kleine, runde Pontonboote. Die großen Schiffe besaßen über dem Deck für die Ruderer noch ein Oberdeck – und wenn auf die Bibel Verlaß ist, außerdem noch eine luxuriös ausgestattete Kabine. Später verwendeten dann auch die Phönikier die uns allen wohlbekannten Dreiruderer. Vielleicht waren sie sogar die Erfinder dieses Schiffstyps. Von ihrer Disziplin abgesehen, bestachen die phönikischen Seeleute auch durch die große Gewandtheit, mit der sie ihre Schiffe manövrierten. In dieser Hinsicht waren sie unschlagbar, und da diese Kunst bei einer Seeschlacht den Ausschlag gibt, waren sie gefürchtete Gegner, besonders, wenn es um das Rammen ging. Die Römer zahlten für diese

Erfahrung in ihrer ersten Schlacht gegen sie einen hohen Preis: Sie büßten ihre Flotte ein. In einem solchen Ruf standen die Phönikier, daß die Römer gar nicht erst versuchten, sie auf ihrem eigenen Felde zu schlagen, sondern mit großer List den Seekrieg in einen Landkampf verwandelten. Sie versahen ihre neuen Schiffe mit hakenbewehrten Enterbrücken – einer Art Gangway oder Fallreep. Diese ließ man auf die Borde der Phönikier niederprallen. Die Haken krallten sich fest, über die Brücke enterte man das festgehakte feindliche Schiff und überließ die Entscheidung dem Kampf Mann gegen Mann. Allein diese Tatsache verrät, wie tüchtig die Phönikier im reinen Seekampf waren.

Sie segelten nur tagsüber. Nacht für Nacht mußten sie einen neuen Ankerplatz suchen. Außerdem segelten sie nicht im Winter – ein Brauch, der einen anderen Aspekt im Leben dieses bemerkenswerten Volkes aufzeigt. Kam die Herbsttagundnachtgleiche, brachten sie ihre Boote ein, bockten sie in irgendeinem Versteck auf und führten das Leben von Bauern. Sie pflügten den Boden und zogen die Pflanzen, die sie zur Nahrung brauchten, bis sie mit Frühlingsanbruch erneut auf Reisen gingen.

Es waren erstaunliche Reisen. Einer ihrer Schiffsführer namens Hanno segelte an der gesamten Nordküste Afrikas entlang, umrundete den Vorsprung Afrikas, der in den Atlantik hinausragt, und gelangte heil und wohlbehalten in den Golf von Guinea. Sein Reisebericht blieb erhalten. Die Fahrt verlief friedlich. Die Afrikaner flohen ins Landesinnere, sobald sie die Seefahrer erblickten. Ein anderer Phönikier vollbrachte noch mehr: Er umsegelte den gesamten afrikanischen Kontinent. Ein dritter, Himilko, fuhr durch die Straße von Gibraltar, umrundete Spanien, überquerte die Biskaya und kam schließlich bis nach Britannien.

2.2 Siedlungen

Ohne die geringsten Gewissensskrupel spricht man heute vom Bevölkerungsüberschuß unserer Welt. Wir können uns daher kaum noch vorstellen, daß eine Gruppe von Seeleuten sich irgendwo für die Dauer eines Winters niederließ und bis zum Frühjahr ungestört an einem und demselben Platz blieb. Doch im 8. Jahrhundert v. Chr.

waren die Mittelmeerküsten recht einsam. Zum Teil sind sie es heute noch. Ich erinnere mich, wie Prinz Karim Aga Khan mir von der Aufregung erzählte, die ihn ergriff, als er eines Tages zusammen mit Freunden im Norden Sardiniens einen Küstenstreifen fand, der über Kilometer hinweg völlig verlassen lag. Prinz Karim und seine Begleiter sprangen von Fels zu Fels und schrieen vor Freude wie Knaben. Dann aber wurde der Entschluß gefaßt, sich hier niederzulassen, und heute befindet sich dort an der Costa Smeralda ein Erholungsgebiet für solche, die es sich leisten können. Genauso ließen sich die Phönikier nieder. Wie Aga Khan erwarben sie ihr Land, falls jemand behauptete, es gehöre im schon – und (abermals wie er) ohne Zweifel für einen Spottpreis. Prinz Karim erzählte mir, wie überrascht er von der Gleichgültigkeit der Einheimischen war, denen er begegnete. Sie waren weder verärgert über sein Kommen, noch erwarteten sie, daß es viele Veränderungen für sie mit sich bringen werde. Im großen und ganzen waren sie höchstens erheitert. Die Phönikier wanderten aus, um Frieden und Ruhe zu finden. Ihre Heimat, der Libanon, lag am Kreuzweg der Welten, im Brennpunkt ungeheurer Machtkonzentrationen. Armeen zogen auf dem Wege zur Schlacht durch das Land, Monarchen, die irgendwo residierten, erhoben Steuern. Nicht gerade ruinöse Steuern – aber eben doch Steuern, und man hätte sich dies lieber erspart. Daher zogen viele aus, um neue Städte anzulegen, aber sie hatten keine Reichsgründung im Sinn, nicht einmal die Errichtung kleinerer Königtümer spielte in der langfristigen Planung dieser Kolonisten – sofern es eine solche überhaupt gab – eine Rolle. Sie blieben ganz einfach Kaufleute, die ihre Vaterstädte unbequem und übervölkert fanden. Zogen sie aber fort, so ließen sie ihr Herz zurück. Auswanderer aus Tyros gründeten Karthago, und dieser Name bedeutet nichts weiter als »Neustadt«. Karthago wurde bedeutender und reicher als Tyros, doch stets betrachteten sich die »Neustädter« als Bürger ihrer alten Vaterstadt, als Bürger von Tyros. Jahr für Jahr sandten sie ihrer Vaterstadt respektvoll Tribute. Sogar von den örtlichen Gegebenheiten her bevorzugten die Auswanderer Plätze, die an die Lage ihrer alten Städte erinnerten. Tyros und Sidon lagen auf Landzungen, ja Tyros war praktisch eine Insel. Eine Landzunge läßt sich leicht verteidigen und bietet an beiden Seiten Naturhäfen.

*

Die Phönikier ließen sich längs der Nordküste Afrikas nieder. Sie siedelten in Spanien jenseits der Säulen des Herakles in Gades, dem heutigen Cádiz, und sie siedelten in Sardinien. Einst hielt man all diese Städte für verschollen, doch erst in jüngerer Zeit wurde eine von ihnen entdeckt und ausgegraben. Ihr Name lautet Tharros. Sie ist eine der unbekanntesten, am wenigsten besuchten Ruinenstätten des Mittelmeeres. Seltsam genug, denn es handelt sich um eine Vorläuferin von Wall Street und Mincing Lane. Tharros liegt an einem Ende der weiten Bucht von Oristano, einer Sandstrand-Sichel hinter (bzw. vor) Dünenreihen. Nirgendwo trifft man dort auf eine heutige Stadt oder auch nur ein Dorf. Im Sommer verlaufen sich einzelne Touristen dorthin, im Winter dagegen liegt der Strand völlig menschenleer.

Die Ruinen von Tharros sind gelb und weiß. Gelb und weiß verteilen sie sich über die Landzunge – man denkt an das Skelett eines Seeungeheuers. Die Straßen sind eng, steil, abwärts enden sie unvermittelt im Meer. Die Häuser sind klein, drängen sich aneinander, hier und da mit einem schmalen Durchlaß, wie die Kasba einer heutigen Stadt in Marokko. Man durchmißt sie, sucht vergeblich einen Plan, doch es gibt keinen. Die Häuser sind schmucklos, nicht viel mehr als Kästen, manchmal mit einem primitiven Mosaikboden. Auf den ersten Blick scheint es, als ob ihre Bewohner keinerlei Kunstsinn besessen hätten.

Doch sie besaßen ihn schon – einen Kaufmannsgeschmack! Ein Begräbnisplatz wurde freigelegt, in dessen Gräbern hervorragender Schmuck zum Vorschein kam. Ein Armreif, bedeckt mit Mustern aus winzigen Goldkügelchen, ist ein Meisterstück der Goldschmiedekunst.

Aber auch etwas Grausiges kam zutage. Mitten im Herzen der Stadt liegt eine erhöhte steinerne Plattform. An einem ihrer Enden stößt man an der Mauereinfassung auf die Überreste einer Kultstätte. Dies war der Tempel, und noch genug ist von ihm erhalten, um erkennen zu lassen, von welcher Art er war.

Eine weite Stufenflucht, beiderseits von Mauern gesäumt, führt zu ihm empor. Am oberen Ende setzen sich die Stufen in einer kleineren Treppe innerhalb der Mauern und unter dem Dach des Heiligtums fort. Hier stand einst das Götterbild. Es ist unmöglich, diese Steine ohne Schauder zu betreten.

2.3 Tophets

Oft waren Gottheiten, die in Tempeln wie diesem wohnten, mildtätig. Jede Stadt hatte ihren eigenen Gott, ihre eigene Göttin, bisweilen auch zwei oder drei Gottheiten. In Byblos gab es El, gewissermaßen ein himmlischer Stadtfürst oder Oberbürgermeister, der sich als Gegenleistung für Gebete und Opfer um die Stadt verdient machte und für Sicherheit und Wohlergehen ihrer Bürger sorgte.

Außerdem verehrte man Baalat, eine trostreiche Göttin, Verkörperung der Mutter Erde. So große Ehrfurcht brachte man ihr entgegen, daß man sie nur mit ihrem Titel anredete: *Baalat* bedeutet »Herrin«.

Nicht anders verhielt es sich im Fall des romantikumwitterten Adonis. Sein Name hat einfach die Bedeutung »mein Herr«. An Adonis' Gestalt knüpfte sich eine Erzählung. Danach war Adonis ein außergewöhnlich schöner Jüngling, den die – später von den Griechen Aphrodite genannte – Göttin überaus liebte. Doch er wurde getötet. Aphrodite begab sich in die Unterwelt, um seine Rückkehr ans Tageslicht zu erwirken. Nach einigen Versionen der Legende hatte sie Erfolg. Einige Phönikier allerdings – ohne Zweifel geborene Skeptiker – blieben dabei, er sei tot. Baalat und El sind längst vergessen, Adonis jedoch nicht. Jeden Karfreitag erinnert man sich in Rom, dem Zentrum der Christenheit, an ihn. Während der Stunden der »Grabesruhe Jesu« prangt in jeder der zahllosen Kirchen Roms eine Seitenkapelle in üppigem Blumenschmuck. Man bezeichnet sie als »Heiliges Grab«. Männer und Frauen pilgern von einer zur anderen, um in jeder ein Gebet zu sprechen. Auf dem Boden dieser »Gräber« stehen kleine Gefäße, darin eine flaumweiche, frisch aussehende Grasart – Symbol der Rückkehr Jesu aus dem Qualenort der Hölle. Man nennt diese Gefäße »Adonisgärtlein«.

Tyros hatte Melqart, einen echten Gott der Reisenden, denn wohin immer Leute aus Tyros reisten, errichteten sie ihm einen Tempel – sogar im weit abgelegenen Spanien, in Gades.

Sidon hatte eine Göttin, Astarte. Auch sie »reiste« – reiste nach Karthago und nahm dort den Namen Tanit an. Dem Vorhang, der ihr Bild verhüllte, schrieb man magische Kräfte zu, die die Stadt schützten, ebenso wie in Rom die Vestalinnen eifersüchtig eine Reihe geheimnisvoller Gegenstände hüteten (geheimnisvoll noch immer, denn wir wissen auch heute nicht, um was es sich handelte), denen man die gleiche Wirkung zuschrieb.

Man erfreute Astarte durch Opfergaben von Pflanzen und Kleintieren, insbesondere aber durch ein weniger umständliches, wenn auch kaum weniger kostspieliges Samenopfer. Die Göttin kannte in sexueller Hinsicht ebensowenig Hemmungen und Vorbehalte wie – Jahrtausende später – die heutige progressive Jugend. So gab es weibliche Kultdienerinnen, die mit männlichen Verehrern der Gottheit Geschlechtsverkehr trieben, und es gab »Tempelknaben«. Aus der Zahl der ihnen gewidmeten Votiv-Ritzungen zu schließen, erfreuten auch sie sich nicht geringer Beliebtheit. Archäologen legten die ihnen gewidmeten Grafitti frei.

Astarte war eine freigebige Göttin. Die Brüste ihrer Statuen hatten anstelle der Brustwarzen Löcher. Man nimmt an, daß diese Löcher mit Wachs gefüllt waren. Während der Zeremonien stieg die Hitze im Tempel, die Kerzen, Lampen und brünstige Leiber ausstrahlten. Schließlich schmolz das Wachs, und Astarte vergoß Milch. Sogar dieser relativ harmlose Priestertrug hat die Zeiten überdauert. Im Dom von Neapel bewahrt man eine Ampulle mit dem angeblichen »Blut des Heiligen Januarius«, eines christlichen Märtyrers, auf. Normalerweise ist dieses »Blut« eine feste Masse. Doch zweimal im Jahr ist die Kathedrale zum Bersten mit Menschen gefüllt. Unzählige Kerzen werden angesteckt. Die Hitze erreicht einen Grad (ich kann es bezeugen!), den kaum ein Nicht-Neapolitaner aushält. Bei einer bestimmten Temperatur wird das »Blut« flüssig. Ein gewaltiger Freudenschrei erhebt sich aus der Menge. Immer, wenn ich ihn hörte, wanderten meine Gedanken nach Sidon zurück. Genauso muß es rings um den Tempel geklungen haben, wenn Astarte sich ergoß und damit anzeigte, daß alles im Lot war.

Der Mittelmeerraum hat eine lange Vergangenheit. Derartige Gedanken liegen daher nahe. Leider sind sie nicht immer so freundlich. Auf der Suche nach den Phönikiern an deren einstigen Küsten reiste ich von Tharros nach Karthago, der »Neustadt« von Tyros. Nichts mehr war hier zu sehen – wenigstens keine freistehenden Ruinen. Die Römer hatten Karthagos Untergang beschlossen, und mit römischer Gründlichkeit führten sie ihr Zerstörungswerk durch. Man zeigte mir einige Säulen und Mauern, doch sie stammten von römischen Bädern und sollten den Römern die Muße versüßen.

An der Stelle des alten Karthago liegt heute das moderne Tunis, und ich fuhr zu dessen modernster Vorstadt: Salammbo. Ihre glattasphaltierten Straßen werden von modernen Villen gesäumt. Eine jede hat ihren Garten. Es ist eine Vorstadt für arrivierte Beamte, erfolgreiche Unternehmer und dergleichen mehr. Ihr Anblick ist höchst beruhigend und wohltuend. Sie ist der denkbar ungeeignetste Rahmen für eines der grausigsten Denkmäler des Altertums.

An einer Stelle, die auf den ersten Blick wie einer der üblichen Gärten aussieht, führt eine weite Öffnung in den Boden. Über einige Stufen gelangte ich hier in die Tiefe. Dort fand ich mich umgeben von zahllosen Urnen. Einige waren viereckige Steinkästen mit pyramidenförmigem Deckel, andere, phantasievollere, hatten die Form kleiner Häuser mit Säulen an der Tür. Stockwerk um Stockwerk stieg ich zwischen ihnen hinab, bis ich ganz in der Tiefe ankam. Hier lagen die Ruinen einer Kultstätte, wohl einer Art Kapelle. Schon im 2. Jahrtausend v. Chr. war sie Tanit geweiht (die, wie ich ausführte, mit Astarte identisch war) – Tanit und dem Baal Hammon. Nichts ist hier von Astartes Liebreiz, ihrer Menschenfreundlichkeit mit ihrem Sex und ihrer Milch zu spüren. Hier war der Ort, wo in Zeiten äußerster Gefahr für die Stadt sich verzweifelt sträubende Kinder angeschleppt wurden und es einen Priester gab, der sie vor dem Bild der Göttin tötete und in eine geweihte Glutpfanne warf. Es mußten die eigenen Kinder sein, die man herbeiführte. Brachte ein Vater dieses Opfer nicht über sich und kaufte (solche Fälle gab es) ein Sklavenkind, um es zu opfern, verhängte die Gottheit Unheil über ihn und seine Mitbürger, um ihnen eine Lehre zu erteilen. Anschließend sammelte man die Gebeine der Geopferten voller Ehrfurcht und bewahrte sie in den Urnen auf. Die Schreiber des Alten Testaments nannten derartige Plätze »Tophet«, und dieser Name haftet ihnen noch immer an. Man hielt sie für eine Erfindung von Feinden und Neidern der Kanaanäer. Gelehrte durchstöberten die römische Literatur aus der Zeit, als die römische Propaganda gegen Karthago ihre höchsten Wogen schlug, und sie waren erleichtert, als sie nichts fanden, was auf das Vorhandensein eines Tophets hindeutete.

Doch es gab diese Stätten, bei Ausgrabungen kamen sie ans Licht. Daß die Römer sie den Karthagern nicht vorwarfen, ist darauf zurückzuführen, daß sie erst mit den Karthagern Bekanntschaft schlossen, als der Brauch des Kinderopfers bereits ausstarb. Die

1 Punische Stele aus Karthago,
ca. 4. Jh. v. Chr.

↖↖ 2 Die Bewohner des eroberten Tyros bringen Salmanassar III. (858 bis 824 v. Chr.) Tribut. Bronzerelief, Balawat (Irak), 9. Jh. v. Chr. London, British Museum.

← 3 Salmanassar III. (858–824 v. Chr.) erobert die syrische Stadt Dagibu. Bronzerelief, Balawat (Irak), 9. Jh. v. Chr. London, British Museum.

↖ 4 Silberschekel aus Tyros mit einem Delphin und einer Stachelschnecke, *murus trunculus,* um 460 v. Chr.

↑ 5 Doppelschekel aus Sidon mit phönikischem Kriegsschiff unter vollen Segeln, um 450 v. Chr.

← 6 Karthago, bedeutendste phönikische Kolonie im westlichen Mittelmeerraum, und das Hafenbecken.

↑↑ 7 Phönikisches Kriegsschiff, Kalksteinrelief aus dem Palast des Sanherib in Ninive, 7./6. Jh. v. Chr.

↑ 8 Kultbezirk der Göttin Tanit (Astarte) in Salammbo bei Karthago, 8.–4. Jh. v. Chr. Hier wurden in Krisenzeiten Kinderopfer dargebracht.

9 Kultbild der
phönikischen Fruchtbarkeitsgöttin Astarte,
Alabaster, gefunden in Talugi bei
Granada, 7./6. Jh. v. Chr. Madrid, Museo
de Arqueologia Nacional.

10 Ein Priester bringt
ein zum Opfer bestimmtes Kind zum Tophet,
punische Stele aus Karthago.
Tunis, Musée National du Bardo.

11 Zwei Theatermasken aus
Terrakotta, gefunden in Karthago, 6. Jh. v. Chr.
Tunis, Musée National du Bardo.

12 Luftaufnahme
von Leptis Magna mit dem Theater,
Chalkidikum (rechts) und dem
Markt (oben rechts).

13 Leptis Magna,
gepflasterte Römerstraße und Bogen des
Kaisers Trajan (98–117 n. Chr.).

← 14 Leptis Magna, Ladentische mit Delphinstützen auf dem Marktplatz.

↓ 15 Leptis Magna, Steinblock mit Standardhohlmaßen auf dem Marktplatz zum Eichen der steinernen Gewichte.

→ 16 Marmorbüste des Iddibal Caphada Aemilius, Bürger aus Leptis Magna, um 15 n. Chr. Tripolis, Tripoli Museum.

⇉ 17 Leptis Magna, Statue eines der Dioskuren, des mythischen Brüderpaares Kastor und Pollux.

↘ 18 Leptis Magna, das Amphitheater aus der ersten Hälfte des 1. Jhs. n. Chr. gibt Zeugnis von der Blütezeit der Stadt unter den frühen römischen Kaisern.

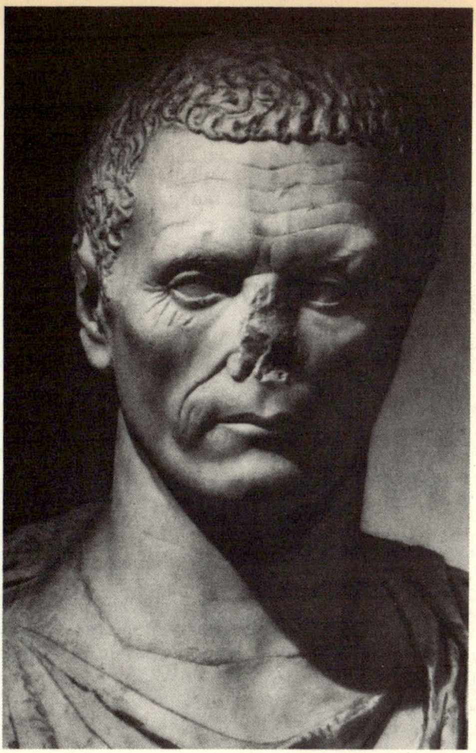

↖ 19 Theatermasken von einem Mosaik auf dem Aventin. Rom, Musei Capitolini.

← 20 Eine Antilope wird auf ein Schiff verladen, Mosaik aus der kaiserlichen Villa Piazza Armerina (Sizilien), 3./4. Jh. n. Chr.

↑ 21 Leptis Magna, Säulen an der Westapsis der 216 vollendeten severischen Basilika. Links ein skulptierter Pfeiler mit mythologischen Szenen.

⇈ 22 Leptis Magna,
der verlandete Hafen, einst Umschlagplatz
für die Waren nach Rom und Quelle
des wirtschaftlichen Reichtums der Stadt.

↑ 23 Leptis Magna,
Hafenanlagen. Die steinernen Docks
weisen eigenartigerweise
keine Gebrauchsspuren auf.

24 Schwer gerüstete Gladiatoren
bei einem Wettkampf im Zirkus, Mosaik aus
Torre Nuova (Rom), 4. Jh. n. Chr.
Rom, Galeria Borghese.

25 Jagd auf wilde Tiere,
römisches Mosaik aus Djemila (Algerien),
4./5. Jh. Bestien für die Zirkusspiele
in Rom waren ein begehrtes Beutegut.
Djemila, Musée d'Archéologie de Djemila.

Römer zerstörten Karthago bis auf den Grund, so daß man einen Pflug über seine Trümmer führen konnte. Den Tophet-Kultplatz zerstörten sie nicht, vermutlich weil sie von seiner Existenz nichts wußten.

Auch andernorts gab es Tophets: in Tharros, in Sidon und vielleicht überall. Kaum lassen sich mildernde Umstände geltend machen. Es ist wenigstens ein Trost, daß nicht die Armen die Last zu tragen hatten. Man bevorzugte Kinder aus angesehenen Familien. Außerdem übte man den Brauch nur in Zeiten äußerster Gefahr, also nicht sehr häufig. Und auch bei der Erzählung von einem monströsen Götterbild, mit dessen beweglichen Armen Kinder in einen Glutofen im Inneren der Metallstatue geworfen wurden, handelt es sich um bloße Propaganda. Der Name des Götzen, Moloch, wird mit *molk* zusammengebracht, und *molk* war die Bezeichnung der Zeremonie, nicht des Gottes. Einen Gott Moloch gab es nicht.

Alles andere jedoch steht außer Zweifel. Es gibt sogar eine Grabstelle mit der eingeritzten Abbildung eines Priesters. Er ist in eine lange Tunika gekleidet, kahlgeschoren und trägt in der Beuge seines linken Armes ein Kind dem Tode entgegen.

Als ich die Stufen erklomm, die aus dem Tophet wieder ans Sonnenlicht führten, fiel mir ein: Auch wir töten Kinder, wenn wir unser Land in Gefahr glauben, und zwar so häufig, daß wir es fast gedankenlos hinnehmen. Wir werfen Bomben aus der Luft. Das ist nicht so zeremoniell und nicht so abergläubisch, aber es kommen viel mehr Kinder dabei um.

2.4 Die Punischen Kriege

Ich kann nicht umhin, von den großen Kriegen zwischen den phönikischen Karthagern und den Römern zu berichten, werde mich jedoch auf das Nötigste beschränken. Unsere Väter und Großväter hielten Kriege für außerordentlich interessant, ja für etwas außerordentlich Nützliches. Kriege, so meinten sie, brächten das Edelste im Menschen zum Vorschein. Sie brächten militärische Genies hervor und galten als Gipfel jeder Kultur.

Ich konnte und kann dies niemals mehr nachempfinden, seit ich die Gedächtnisstätte eines der größten militärischen Genies, die es je gab, besuchte. Es war in der kleinen Stadt Ajaccio auf Korsika. Napoleon wurde hier geboren, und man errichtete ihm ein monströses, ungeheuer häßliches Monument. Ich suchte es in den fünfziger Jahren auf. Als ich eintrat, standen überall auf dem Boden der Gedächtnisstätte Särge. Es müssen an die hundert Stück gewesen sein – einer genau wie der andere, nur jeder trug einen anderen Namen. Die Wärterin, die im Begriff war, mich umherzuführen, eine ältliche Person, befand sich im Zustand tiefer Verzweiflung. Ich fragte sie nach dem Inhalt der Särge. Sie setzte sich auf einen Sarg und erzählte es mir: Es waren Gefallene des Indochinakriegs.

Sie war entschieden gegen diesen Krieg, und ihre Ablehnung ging so weit, daß Zornestränen ihre Stimme erstickten, als sie mit mir sprach. Ich brauche nicht zu wiederholen, was sie sagte. Wir alle haben es inzwischen Zehntausende von Malen gehört – von maßvollen Äußerungen amerikanischer Senatoren bis hin zu all den jungen Menschen, die es überall rund um den Erdball auf den Straßen hinausschreien. Es dürfte genügen, wenn ich sage, daß ich seit jenem Tag in jener Napoleon-Gedächtnisstätte nicht mehr viel für Generäle übrig habe …

Anscheinend begann zwischen Karthagern und Römern alles damit, daß die Karthager sich durch und durch wie Phönikier verhielten. Im Jahre 348 v. Chr. unterzeichneten sie einen Vertrag mit den Römern, der ihnen verbot, auf römischem Territorium oder an anderen Orten, wo es den Römern aus Sicherheitsgründen dringend geraten erschien, irgendwelchen Handel zu treiben. Doch Karthago war enorm erfolgreich, und so setzte sich wohl die Ansicht durch, man habe notfalls auch durch Kriege seine kommerziellen Interessen zu wahren. Dies lief nicht gerade glänzend, aber immerhin gut genug, um die Römer zu beunruhigen. Sie meinten, in Karthago mache man sich mit dem Gedanken vertraut, irgendwann einmal gegen Rom Krieg zu führen. Es fehlt jeder Beweis dafür, daß die Karthager dies wirklich wollten. Aber die Römer waren auf ihr Prestige bedacht – besonders vor ihren Bundesgenossen. So zog Rom in einen erbittert geführten Krieg. Er dauerte 118 Jahre. Die Einzelheiten dieser langen Auseinandersetzung gibt jedes Geschichtsbuch wieder. Es sind die üblichen: gegen erdrückende Übermacht errungene Siege, unvorstellbare Fehlgriffe, Helden auf beiden Seiten, Menschen, die wie Fliegen starben.

Und dann das unvermeidliche militärische Genie – wider Erwarten allerdings auf seiten der Phönikier. Wir alle kennen seinen Namen, Hannibal, vor allem deshalb, weil er Elefanten über die Alpen führte: beachtlich, wenn man einmal davon absieht, daß alle eingingen.

Hannibal war dem Erfolg so nahe, daß er vor Rom stand. Er errichtete Lager auf Anhöhen, von denen aus man Rom überblickt. Heute sind sie ein beliebter Platz für Sonntagsausflügler. Es freut mich, feststellen zu können, daß niemand auf den Gedanken kam, hier ein Denkmal zu errichten.

Hannibal verlor den Krieg, denn die Karthager zu Hause hatten Kriegsausgaben und Todesopfer satt. Wenn er um neue Reserven bat, lehnten sie ab. Schließlich setzten die Römer nach Afrika über, eroberten Karthago, plünderten es, brannten es nieder und machten es dem Erdboden gleich.

Doch die Phönikier konnten sie nicht vernichten. Die Römer standen im Begriff, das größte Imperium zu errichten, das die Welt je gesehen hatte. Die Phönikier aber hatten ihre Lektion gelernt. In aller Ruhe kehrten sie auf ihren früheren Weg friedlichen Handels zurück. Jahrhunderte später schlug für sie die Stunde der Vergeltung. Ein junger Phönikier, in der Stadt Leptis Magna geboren, kam nach Rom, um bei den Unterjochern seines Volkes seine Bildung zu vervollständigen. Er lernte seine Lektionen so tadellos, daß er Roms Herrscher wurde. Er war ein fähiger Kaiser, der zeit seines Lebens den Römern selbst eine gewisse Gleichgültigkeit, wenn nicht Verachtung entgegenbrachte. Der Nachwelt hinterließ er zweierlei: die Ruinen der glänzenden Stadt, zu der er Leptis Magna machte, und den Ruf, der Mann zu sein, unter dem Niedergang und Sturz des Römerreichs ihren Anfang nahmen. Sogar die Römer sprachen von einer »punischen Rache«.

3 DIE HANDELSSTADT – LEPTIS MAGNA

3.1 Rundgang

Jedem Studenten der Altertumskunde würde ich empfehlen, sich Leptis Magna bis zuletzt aufzuheben. Als Anblick, als Erlebnis hat es nicht seinesgleichen. Es macht vollkommen wunschlos. Ich habe die meisten antiken Monumente gesehen. Der Parthenon ist edel, doch wenn man Jahr für Jahr zurückkehrt, ödet seine Vollkommenheit an. Nach zwanzig Jahren täglichen Umgangs mit den Ruinen Roms stimme ich dem unwissenden Touristen zu: es sind einfach Trümmer. Um mir ein Bild von Alt-Rom zu machen, wie es wirklich war, greife ich mir lieber Martial oder Juvenal und lege mich ins Bett, um sie in der römischen Nacht zu lesen. Bevor ich das Zählen aufgab, hatte ich dreißigmal Pompeji und Herculaneum besucht. Beide haben in ihrer Art etwas von einem Wunder, doch von einem Wunder provinziellen Zuschnitts. Die Welt der Antike war nicht so eng wie sie. Knossos ist vor allem ein Rätsel – durch Sir Arthur Evans, der die Ruinenstätte als sein Privateigentum betrachtete (und dies war sie ja auch!), für alle Zeiten der Lösung entzogen und dem Spiel der Phantasie überlassen.

Leptis Magna ist vollkommen. Es besitzt Glanz, es ist so vollständig erhalten, wie man es sich billigerweise nur wünschen kann – zum Glück wurden Restaurierungsversuche durch politische Komplikationen und das Fehlen von Geldmitteln gebremst ... vor allem aber kann man (wie ich) von einem Ende zum anderen durch die Ruinen wandern, ohne auch nur einem einzigen Menschen zu begegnen. Als ich dies im Jahre 1972 erlebte, wußte ich freilich, daß es viele Jahre danach äußerst lächerlich klingen könnte. Doch zur Zeit glaube ich nicht, daß die Libyer ernsthafte Anstrengungen zur »Entwicklung« dieser Stätte unternehmen werden. Dazu sind sie zu sehr mit ihrem Erdöl beschäftigt.

Um dieses zu sehen, muß man nach Tripolis gehen, der abstoßendsten Stadt am Mittelmeer. Man muß die Absteigen der schwatzhaften, versoffenen Ölleute aufsuchen, muß zahlen, was Ölleute zahlen. Doch eine Nacht davon ist genug.

Es war eine andere Art Öl, die die Römer herbeilockte, so daß sie erst Karthago und dann ganz Nordafrika eroberten. Früh am Morgen fährt man auf der Straße nach Homs. Links das Meer, rechts graugrüne Olivenhaine. Später züngelt, wie Bäche goldfarbener Lava, Sand zwischen den Bäumen, legt sich auf die Straße: Wüstensand, wie er Leptis Magna begrub, nachdem Römer und Byzantiner gegangen waren und nachdem die Vandalen so viel von den Bauten geschleift hatten, wie Zeit und Kräfte es erlaubten. Sie rissen eine Reihe von Marmor- und Sandsteinsäulen nieder, doch hatte Leptis Magna Ruhe. Unter der Sonne Afrikas schlief es, geschützt durch eine Decke aus Sand. Rom wurde hauptsächlich durch Renaissancepäpste zerstört, die die Bauwerke der Antike über alles bewunderten, sie peinlich genau von ihren Architekten ausmessen und dann niederreißen ließen, um Steine und Marmor neu zu verwenden. Von einem ihrer Lieferanten wird berichtet, daß er 28 000 Karren Steine aus dem Kolosseum abfahren ließ, und ich habe mich davon überzeugt: auch die Säulen der Vorhalle des Petersdoms sind römischen Ursprungs. Die beiden am Hauptportal, die alle Welt sieht, wenn der Papst zu Ostern den Segen erteilt, zeigen sogar Ausbesserungsspuren.

Leptis Magna entging diesem Schicksal mehr oder weniger. Im Laufe der Jahrhunderte verschwanden auch hier einige Säulen. Einige stehen heute in der Kirche Saint-Germain-des-Prés in Paris, andere im britischen Königsschloß Windsor. Doch handelt es sich hier um kleinere Räubereien.

Leptis Magna bleibt, nachdem nun der Sand nach und nach abgetragen wird, die am vollständigsten erhaltene antike Stadt. Beim ersten Anblick überwältigt ihre bloße Größe. Leptis Magna wurde im 10. Jahrhundert v. Chr. von den Phönikiern gegründet, und diese wählten, wie sie es gewohnt waren, ein vorspringendes Kap mit geschütztem Hafen. Doch die Stadt dehnte sich mächtig aus, ergoß sich wie ein Strom von Gestein über die Küstenlandschaft. Marmor und Sandstein waren ihr Baumaterial, und die Jahrhunderte haben eine Bernsteinstadt daraus gemacht – Patina über ihren

Mauern. Wenn die Sonne steil am Himmel steht und man vom Meer aus stadtwärts blickt, denkt man zuweilen an eine Märchenstadt aus Gold.

Noch liegt Sand in ihren Straßen. Fast ebenso rasch rieselt er nach, wie die Archäologen graben können. Wo noch kein Spaten grub, wächst in breiten Streifen dunkles, niederes Gestrüpp – ideale Einfassung für die Ruinen: Es hebt sie hervor, aber verdüstert sie nicht.

Nur noch an wenigen Resten wird gegraben. Man tritt durch einen gewaltigen, noch immer aufrecht stehenden Bogen ein. Einst wurde er auf Befehl des Knaben aus Leptis Magna errichtet, der es bis zum Kaiser brachte: Septimius Severus. Man könnte sich vorstellen, daß er zur Erinnerung an eine pompöse Rückkehr des Kaisers in seine Vaterstadt erbaut wurde, doch steht nicht fest, ob Severus je zurückkehrte. Aber er befahl, die Stadt mit kaiserlichem Prunk auszuschmücken. Dieser Bogen ist der erste Beweis dafür, daß man ihm gehorchte. Er ist und bleibt eines der bedeutendsten Denkmäler römischer Kunst.

Elegante korinthische Säulen flankieren seine vier Bogenöffnungen. Über den Säulen reich skulptierte steile Ziergiebel. Sie geben dem Bogen eine kühne, selbstbewußte Lebendigkeit und brechen wirkungsvoll mit den Regeln der klassischen Architektur. Niemand weiß, woher dieser Zierat stammt – vielleicht war er hier zu Hause. Bis heute haben Häuser im Innern ähnlichen, wenn auch kleineren Architekturschmuck. Er gilt als Schutz gegen den »bösen Blick«. Neben dem Bogen fanden sich, im Sande begraben, riesige Reliefs (heute im Bardo-Museum, Tunis). Sie sind auffallend gut erhalten. Sie zeigen den Kaiser Septimius Severus mit seinen beiden Söhnen, Caracalla und Geta, bei verschiedenen Zeremonien: in einem Triumphwagen fahrend und (mit nach der Ritualvorschrift verhülltem Haupt) beim Opfer. Voller Leben wirkt der Opferstier. Man ist im Begriff, ihn zu schlachten. Höflinge umdrängen die Szene – alle mit brillantem Realismus wiedergegeben. Dies gilt auch für den Kaiser. Die großen, ausdrucksvollen Augen in seinem breiten Gesicht sind nach oben gewandt, weit über die Häupter seiner Untertanen hinweg. Trotz starken Bartes erkennt man volle, skeptisch nach unten gezogene Lippen – die präzise Wiedergabe eines Menschen, der erkannt hat: was immer ich gesehen und getan habe, es hatte wenig

Sinn. Auch des Kaisers hohe, afrikanische Backenknochen bekommt man noch immer in Libyen zu sehen. Dies ist nicht ohne Bedeutung, und ich werde bei seiner Lebensbeschreibung darauf zurückkommen. Der Bogen führt auf eine gepflasterte Straße. Hügel flankieren sie: noch unausgegrabene Häuserruinen. Diese Achse endet an einem anderen Bogen, einer einfachen Konstruktion aus der Zeit des

Rekonstruktion des Bogens des Septimius Severus (193–211) in Leptis Magna, um 200 n. Chr. Der Bogen wurde als sog. Tetrapylon mit vier gleichen Fassaden über der Kreuzung der beiden Hauptstraßen errichtet.

Tiberius, unter dessen Regierung Jesus starb. Beiderseits davon liegen die wichtigsten Ruinenkomplexe von Leptis Magna.

Noch einen dritten Bogen durchschreiten wir. Er stammt von Trajan. Auch er hat Säulen, doch der Gegensatz zwischen ihm und dem prunkvollen Bogen des Severus ist so auffallend, daß ich mehrmals die Straße zurücklief, um beide miteinander zu vergleichen. Bei Trajan ist alles klassisch, maßvoll. Sogar die Profilierungen an den Säulenbasen sprechen verschiedene Sprachen: eher zart sind sie beim Trajansbogen, massig und stark abgesetzt beim anderen. 76 Jahre liegen dazwischen, und es ist klar, daß ein tiefgreifender Geschmackswandel stattgefunden hatte. Zwischen beiden Bögen hin- und herwandernd, spürte ich: Hier zeigten sich erste Anzeichen jener Ungezügeltheit, die nach Severus' Tod das Römerreich in ein Chaos verwandelte. Aber wir dürfen nicht aus den Augen verlieren: wir haben es mit einer semitischen Bevölkerung zu tun, die in einer als Handelsstützpunkt gegründeten und durch Handel reichgewordenen Stadt lebte. Abgesehen von einer kurzen Episode unter dem Numiderkönig Masinissa, war es eine unabhängige punische Stadt bis zu ihrer Unterwerfung durch die Römer (23 v. Chr.). Doch trotz römischer Oberhoheit verschönerten die Bürger weiterhin ihre Stadt. Steinerne Inschriften nennen ihre Namen und erzählen ihre Geschichten: Iddibal, Ithymbal, Annobal, Ammicar, Balithon, Boncarth, Muthumbal, Bodmelqart, Himilcho und Byrycth – Männer von punischem Stamm.

Es ist daher recht und billig, sich unverzüglich ins Herz der Stadt zu begeben, auf den Marktplatz, versteht sich. Dieser, ein weiträumiges, gepflastertes Areal, trug einen wahren Wald von Säulen – mehr als hundert, viele noch unversehrt. Wie es sich für einen solchen Platz gehört, betrat man ihn durch eine prächtige Säulenhalle. Rings umgaben ihn starke Mauern wie eine Festung, doch innen ist alles Anmut, Leichtigkeit. Ein Säulengang flankiert jede Mauer. Inmitten des Marktes zwei achteckige Pavillons. Ihr Dach ruhte außen auf Säulen, in der Mitte auf einem kreisrunden Kiosk mit bogendurchbrochenen Wänden. Ohne Zweifel waren hier Ohr und Herz von Leptis Magna: neben ihnen befanden sich Denkmäler der angesehensten und verdienstvollsten Bürger. Heute stehen nur noch zwei Basen: Steinmodelle eines Bogens mit vier Durchgängen, darauf einst Triumphwagen aus funkelnder Bronze. Zwei Reliefs sprechen klarer von der Quelle all des schwerverdienten Reichtums – sie zeigen Schiffe; eines mit und eines ohne Segel. Noch eindrucksvollere Reste finden sich am anderen Ende. Hier sind Läden erhalten. Marmor auch hier, dazu prachtvolle Delphinskulpturen als eine Art »Strebepfeiler«. Kaufleute können redlich sein, wenn man der Redlichkeit nachhilft. Hier auf dem Marktplatz befindet sich ein Steinblock zur Kontrolle der gleichfalls steinernen Gewichte. Er besitzt Vertiefungen, und hier mußten die Gewichte genau hineinpassen. Ein anderer Stein trägt Linien. Sie ermöglichten die Umrechnung von Längenmaßen – für Fremde so nützlich wie die Währungstabellen, die wir heute auf Auslandsreisen bei uns tragen.

Selbst die auf jedem Markt herumlungernden Existenzen haben Spuren hinterlassen, die Lastträger, die Herumtreiber und Müßiggänger, die gern für irgendeinen kleinen, leichten Dienst ein Trinkgeld einstecken. Auf einer Steinstufe erblickte man die Löcher für ein Spielchen, wenn einmal gerade nichts anderes lief. Vom Markt sind es nur Schritte bis dorthin, wo erschöpfte Kaufleute Entspannung suchten – zum Theater. Der Aufbau eines klassischen Theaters ist so bekannt, daß man sich die Beschreibung fast ersparen kann: ein Halbrund aus steinernen Sitzen, ein freier Platz vor der Bühne, eine erhöhte Plattform und ein festes Bühnenhaus mit drei Eingängen und einer Fülle von Pfeilern. Rings um das Mittelmeer gibt es solche Theater in Hülle und Fülle. Für jeden Schauspieler und Regisseur weht hier Theaterluft. Leider. Denn jede Touristikbehörde wittert sofort Geld und darüber hinaus eine Lösung des Problems, auch am Abend den Touristen etwas zu bieten. So stehen jeden Sommer klassische Stücke auf dem Spielplan. Da man für das Sitzen auf Stein oder Holz nicht allzu hohen Eintritt nehmen kann, werden nur zweitrangige Schauspieler engagiert. Und da niemand die geringste Ahnung hat, wie sich ein klassischer Chor verhielt, läßt man die Mädchen und Jünglinge der nächsten Tanzakademie in irgendwelchen Posen herumstehen, die der Spielleiter, aus welchen Gründen auch immer, für »griechisch« hält. Dazu Musik – auch sie enorm »griechisch«, obwohl kein einziges Fragment einer altgriechischen Komposition erhalten ist. Die Aufführungen finden im Dunkeln statt. Kein Regisseur kann sich vom elektrischen Licht losreißen, obwohl alle klassischen Stücke ursprünglich bei Tageslicht aufgeführt wurden. Das Ergebnis hat soviel mit dem Altertum zu tun wie etwa die

Nachahmung einer Krönungsprozession in der New Yorker Radio City Music Hall mit der britischen Monarchie. Als all dies anlief, neigte ich dazu, es als harmlos, zum Teil sogar amüsant zu betrachten. Heute bin ich dessen nicht mehr so sicher. Erstens ist es gefährlich, im Dunkeln über Trümmer zu stolpern. Man muß Touristen davor bewahren, sich Gelenke auszukugeln und Beine zu brechen. Also »säubert« man die Ruinen – ein paar Platten hier, ein paar Blöcke dort (»es *muß* früher so gewesen sein!«), und schon ist keine Gefahr mehr. Auch die Bühne ist zwar malerisch, entspricht aber nicht heutigem Geschmack. Also hier eine Säule weg, dort eine hin (»nicht wahr, das paßt?«), und schon hat man »Wirkung«. Hinderlich ist loser Schutt. Es kann nicht schaden, ein paar Fuß davon abzutragen. Auch Löcher, die sich plötzlich auf der Bühne oder anderswo auftun, werden von Schauspielern wenig geschätzt. Also: erneutes Pflastern (»man beachte: mit den gleichen Steinen wie in römischer Zeit!«). So habe ich Jahr für Jahr beobachtet, daß Theater wie etwa in Ostia oder Taormina herausgeputzt wurden wie Kinder zu einer Party. In Ostia fügte man sogar ein gräßliches, brandneues »römisches« Foyer mit einer Bar hinzu. Das Theater in Taormina habe ich mit einer Riesenleinwand für Breitwandfilme verschandelt gesehen. Lautsprecher mit ihren schweren Kabeln zu montieren und abzumontieren kostet Geld. Daher läßt man sie lieber, wo sie sind, und bringt natürlich hier und da Halterungen an, um alles tiptop durch den Winter zu bringen. Während ich dieses niederschreibe, erfahre ich, daß man für eine Touristik-Show auf dem Forum Romanum die Cloaca Maxima mit Tonkabeln verdrahtet hat ...

Nichts dergleichen in Leptis Magna. Als die Archäologen den Sand wegräumten, fanden sie einige Säulen umgestürzt. Ob durch ein Erdbeben oder durch Invasoren, ist schwer zu sagen. Doch sie waren gefallen, wo sie standen, und konnten unschwer neu aufgerichtet werden. Auch einige Statuen kamen zum Vorschein. Man verschleppte sie nicht in Museen (obwohl sich dies rechtfertigen ließe), sondern stellte sie – gleichfalls mit gutem Grund – auf ihre Sockel zurück. Das Theater ist, ohne jede Verfälschung, wunderbar vollständig. Kein Theatermacher spürt den Drang, »seinen« Sophokles hier zu inszenieren, und so wird es bleiben. Leptis Magna ist zu entlegen, um Publikum anzulocken – es sei denn Kameltreiber! Der Bau liegt am Strand. Zuschauer auf den oberen Sitzrängen erblicken das Mittelmeer. Die Steinreihen senken sich zu einer Mauer hinab, dahinter ein gekurvtes Podest mit den Sesseln der Honoratioren von Leptis Magna. Davor wieder ein halbkreisförmiges Areal mit einer Altarbasis im Zentrum. Dahinter schließlich die *scaena,* der gleichbleibende Hintergrund jeder Aufführung. Alle klassischen Bühnen hatten eine sehr kunstvolle *scaena,* von den Architekten mit soviel Zierat versehen, wie man ihn sich außerhalb des Theaters nicht erlaubt hätte. Besonders üppig ist diese Ausstattung in Leptis Magna. Ursprünglich hatte eine *scaena* drei Türen. Hier wurden daraus drei säulenflankierte Apsiden – eine höchst effektvolle Lösung. Sonst bildete die *scaena* oft eine Mauer, ähnlich einem heruntergelassenen Vorhang in unseren heutigen Theatern. Hier dagegen hat man in den Apsiden ein Gegengewicht zur weitausladenden Krümmung der Sitzränge, das beide Bauhälften zusammenhält. Zwei Abschirmungen, »Wangen«, beiderseits der Bühne konzentrierten die Aufmerksamkeit der Zuschauer auf die Handlung. Davor standen einst Statuen, die mit bemerkenswert dramatischer Wirkung in die Menge, ins Publikum, blickten. Ein kraftvolles Meisterwerk antiker Bildhauerkunst ist die hier am Ort verbliebene Statue eines der Dioskuren. Wie man vermutet, stand sie einst entweder in Rom oder – und dies ist wahrscheinlicher – in Griechenland, bevor sie hierher nach Leptis Magna transportiert wurde. Hermen und Büsten vervollständigen die Dekoration. Für den müden, abgespannten Geschäftsmann von Leptis Magna war ohne jeden Zweifel gut vorgesorgt. Es waren wohl die großen klassischen Tragödien, die bei besonderen Anlässen hier aufgeführt wurden. Hinzu kamen ein anderes Mal die Komödien des Plautus und des Terenz – in ihnen konnten die Bürger sich selbst ungeschminkt auf der Bühne porträtiert sehen. Jede Aufführung, ob Tragödie oder Komödie, war etwas völlig anderes als heute. Zum Beispiel trugen die Schauspieler Masken, und außerdem sprachen sie dem Publikum zugewandt. Gewiß – wenn sie wollten, konnten sie sich auch einmal abwenden, aber die wichtigsten Textpartien wurden stets frontal zum Publikum hin vorgetragen.

Alles hing von zwei Dingen ab: von der Deklamation und den Gesten. Deutlichkeit, Leichtverständlichkeit war bei der Deklamation alles. Ganz ähnlich wie ein Lateinschulmeister unserer Tage bemerkt schon Vitruv, man dürfe die *casus*-Endungen nicht einfach hinunterschlucken.

Seltsamer noch hätte uns der bei den Römern übliche Brauch angemutet, einen Flötenbläser auf der Bühne zu postieren. Bei den Höhepunkten der Handlung, desgleichen bei größeren Monologen, näherte er sich dem Schauspieler und unterstrich dessen Worte mit seiner Musik. Wenn wir uns die durchgebildete, melodiöse Stimme des Schauspielers vorstellen, die voll durch die Maske drang (bei Frauenrollen brauchte er seine natürliche Stimme durchaus nicht zu verleugnen), dazu die Ausgewogenheit, Abgemessenheit der Gesten, die jede Gefühlsregung auszudrücken vermochten, schließlich zu allem anderen noch die Flötenmusik, so können wir sehr wohl nachempfinden, wie ergreifend eine solche Aufführung sein konnte. Allerdings gab es auch weit anspruchslosere Kost. Schauspielertruppen, »Wandertheater«, tingelten durch das Riesenreich und erfreuten sich ungeheuren Zulaufs. Diese Schauspieler trugen keine Masken. Oft improvisierten sie, obwohl bisweilen auch regelrechte Stücke für sie geschrieben wurden. Sie rissen Witze, platte und deftige, ja zotige Witze. Die Kleidung dieser Mimen bestand aus einer Art Überwurf, der über den Kopf gezogen wurde, aber auch nach hinten geworfen werden konnte. Darunter trug man eine einfache Tunika mit einem Phallos, einem überdimensionalen männlichen Glied aus Leder. Ein Zugriemen richtete dieses Kunstglied bei entsprechenden Textstellen auf. Die Lieblingsthemen dieser Theatergruppen waren Ehebruch und Homosexualität, angereichert mit aktuellen, zeit- oder ortsbezogenen Anspielungen von oft ätzender Schärfe. Nur zu gut kann man sich vorstellen, daß in einer Handelsstadt, wie Leptis Magna eine war, Mimen dieser Art großen Beifall fanden ...

3.2 Die Basilika

Vom obersten Rang des Theaters aus hat man einen prachtvollen Blick über Leptis Magna – Säulen, nichts als Säulen, soweit das Auge reicht. Heute hat man sich an den Anblick von Städten aus Kästen gewöhnt, gigantisch wie New York, eher klein wie Paris. Auf den ersten Blick scheint es in Leptis Magna zu viele Säulen zu geben, zu viele Säulenvorhallen, zu viele Säulengänge längs der Straßen. Doch gerade das macht Leptis Magna so lehrreich. Säulen fallen leicht um.

Einmal am Boden, lassen sie sich ohne weiteres zerlegen. In sämtlichen anderen Städten des Altertums hat man dies getan. Vielleicht haben sich hier und da Tempelsäulen durch Zufall erhalten, selten jedoch die der Säulenvorhallen, der Portiken, ringsum. Und dennoch waren sie wesentlicher Bestandteil jeder Stadt griechisch-römischer Zeit. Soviel ich weiß, hat noch niemand für sie eine Erklärung gefunden. Ich werde dies nunmehr versuchen.

Man gestatte mir, einen Augenblick nach Rom zurückzukehren. Das Mittelmeerklima ist mild und sonnig, doch es gibt Tage, an denen die Römer selbst das Wetter als »gottlos« bezeichnen. Es kann in Strömen regnen, eisige Winde können einen frösteln lassen, der Sommer kann plötzlich unerträglich werden, und etwa alle fünf Jahre gibt es einmal Schnee. Keine dieser Schlechtwetterphasen dauert lange – ein paar Tage, und alles ist vorüber. Doch weil das Wetter sonst so mild und freundlich ist, empfindet man den Gegensatz um so stärker. Ein Römer läßt sich sogar noch mehr über das Wetter aus als etwa ein Londoner!

Einige Jahre lang wohnte ich nur ein paar Schritte vom Pantheon entfernt, dem einzigen vollständig erhaltenen antiken Bauwerk der Stadt, einem einst von Kaiser Hadrian restaurierten Rundtempel. Das Pantheon besitzt eine Säulenvorhalle. Gewaltige Säulen tragen noch das ursprüngliche Dach: acht Säulen bilden die Front, je zwei die Flanken. Unter diesem Portikus gibt es genügend Platz zum Auf- und Abgehen. Bei jedem scharfen Wetterumschwung, der mich belastete, verließ ich meine Wohnung, um mich eine Zeitlang in diesem Portikus unterzustellen. Stets hatte er sein eigenes Klima. Hier war es trocken, wenn es draußen goß, aber kühl, wenn es draußen heiß war. Er war windgeschützt, und auch Schnee fiel hier nicht. Stets konnte man hier in aller Ruhe mit einem guten Freund angeregt plaudern.

Das klassische Rom war voll von derartigen Portiken. Wollte ein Reicher oder ein Kaiser die Bürger für sich einnehmen, ließ er einen neuen Portikus bauen. Es waren glanzvolle Bauten mit schimmernden Marmorsäulen und -statuen. Portiken gab es rings um die Kaiserforen, langgestreckte Portiken führten durch den *campus Martius* (das »Marsfeld« [bei der heutigen Piazza Navona]), und vor allem gab es jenen von Pompeius erbauten großen Portikus, wo Julius Caesar niedergestochen wurde.

Porticus war im Lateinischen weiblichen Geschlechts, und die Mehrzahl lautete im Altertum nicht *portici,* sondern *porticus* (mit langgedehntem »u«). Das Wort bezeichnet wahrscheinlich eine griechische Erfindung. Ein (bzw. eine) Portikus (griechisch: *stoà)* wurde auf der Agora von Athen errichtet (und unglücklicherweise von übereifrigen Restauratoren rekonstruiert). Hier konnten einst Philosophen miteinander diskutieren und eine neue Schule begründen, die ihren Namen von ihrem Ursprungsort herleitet: die Stoa.

Die Stoiker kamen nach Rom und lehrten auch hier in Säulenhallen. Portiken (bzw. *porticus*) und Kolonnaden verbreiteten sich über das gesamte Weltreich. Sie waren so populär, daß reiche Leute beim Bau ihrer Villen den Zwang verspürten, sich selbst einen Säulengang zuzulegen. Er umgab an allen vier Seiten den vom Haus umschlossenen Garten. Oft bin ich in Pompeji durch diese Kolonnaden gegangen, und stets empfand ich, daß sich für ein Haus im Mittelmeerraum kaum eine bessere Lösung finden ließe. Derselben Ansicht war man im Mittelalter. Die Privat-Portiken lebten in den Klosterkreuzgängen fort, und später entdeckte ein Architekt des achtzehnten Jahrhunderts, John Nash, sogar im frostigen England ihren Reiz und entwarf zwei lange, schwungvolle Säulengänge für die damals neue Regent Street. Noch ich kann mich daran erinnern, in meiner Kindheit diese Kolonnaden gesehen zu haben. Sie wurden abgerissen, und heute kann es sehr bitter sein, an einem kalten Wintertag unter Graupelschauern die Regent Street entlangzugehen.

Neben ihren Portiken hatten die Bürger von Leptis Magna noch einen anderen Treff- und Sammelpunkt. Das betreffende Bauwerk liegt nicht weit vom Theater entfernt, und seine aus riesigen Quadern aufgetürmten Mauern stehen noch. Im Innern fühlt man sich wie in einer Kathedrale ohne Dach. An den Wänden erheben sich gigantische Säulen mit tief ausgemeißelten Kapitellen. An einem Ende befindet sich eine Apsis mit zwei Säulen – diese noch höher als die im Schiff. Reicher Zierat, wohin man blickt. Verschlungene Zweige wehen über Steinmedaillons mit Bildern aus antiken Mythen. Es ist ein Meisterwerk der Architektur, eines der eindrucksvollsten im ganzen Reich, doch zuallererst übermannt den Besucher beim Eintritt der Gedanke an die ungeheuren Summen, die all dies verschlungen haben muß. Es ist die Basilika: ein Geschenk des Kaisers Septimius Severus an seine Vaterstadt. Wie schon angedeutet: Es gibt keinen sicheren Beweis dafür, daß Severus Leptis Magna jemals wiedersah. Doch die Ausgräber von Leptis Magna sind von seiner Rückkehr überzeugt. Wenn es auch keinen inschriftlichen Beleg dafür gibt, so hat diese Überzeugung doch die allgemeine menschliche Erfahrung auf ihrer Seite. Man kann sich kaum vorstellen, daß Septimius Severus, nachdem er diesen Prachtbau errichten ließ, der Versuchung widerstehen konnte, die kurze Seereise von Rom aus auf sich zu nehmen (sie dauerte nur zwei Tage), um das Bauwerk zu besichtigen.

Die Basilika war der Gerichtshof der Stadt. Die Apsis war für den Richter bestimmt. Ursprünglich hatte die Basilika eine obere Galerie. Diese stand den Zuschauern zur Verfügung, die sich außerdem im Langschiff drängten. Es gibt keinerlei Aufzeichnungen über das, was sich hier abspielte. Doch es existiert reichhaltiges Belegmaterial über die Vorgänge in den Basiliken Roms. Die Unterschiede können nicht groß gewesen sein, denn die Römer übertrugen ihre Rechtspflege auf alle unterworfenen Völker, von deren ursprünglichen Gesetzen nur die in Kraft blieben, die sich in den Rahmen der Reichsräson fügten.

Die *gravitas* war es, der die Römer so hohe Bedeutung beimaßen – ein würdevolles, gemessenes, beherrschtes, »gravitätisches« Verhalten, und man möchte daher annehmen: Prozesse wurden mit der gleichen wispernden Feierlichkeit durchgeführt wie vor hohen britischen Gerichtshöfen. Genau umgekehrt war es: Bisweilen mußte man sogar Verfahren wegen der Ruhestörung und der Unruhen, die sie hervorriefen, wieder einstellen.

Zur Zeit der römischen Republik gab es keine berufsmäßigen Anwälte. Die Plädoyers wurden von bekannten Persönlichkeiten, Politikern, Senatoren gehalten, denen es streng verboten war, dafür ein Entgelt anzunehmen. Zur Zeit des Septimius Severus (und schon vorher) war man längst nicht mehr so großzügig. Noch immer hielten Prominente die Plädoyers (dies war eine wichtige Stufe der politischen Karriere), aber sie nahmen nun Honorare, und deren Höhe war – wie heute – schwindelerregend.

Selbstverständlich erforderte ein solches Plädoyer auch eine gewisse Rechtskenntnis. Doch gab dies keineswegs den Ausschlag. Von einem Anwalt erwartete man eine wohlklingende Stimme und rhetorische Begabung. Ansonsten ließ man ihm freie Hand. Je mehr er sein Thema ausschmücken konnte, desto mehr galt er. Die Redner trieben es oft so weit, daß es den Prozeßparteien den Atem nahm. Knapp und treffend äußert sich dazu Martial. »Du«, redet er seinen Anwalt an, »läßt mit deiner mächtigen Stimme und mit allen Gebärden, die du beherrschst, im Gericht die Schlacht von Cannae und die Mithridatischen Kriege erdröhnen. Die Gemeinheiten der Punier und ganze Scharen von Männern wie Sulla, Marius und Mucius beschwörst du herauf. Doch nun, Postumus, sprich doch endlich von meinen drei Ziegen!«

Dies hing damit zusammen, daß Publikum den Gerichtssaal füllte und die ganze Angelegenheit als Schauspiel betrachtete. Ein wirklich guter Redner lockte ebensoviele Zuhörer an wie ein Schauspieler, und bei besonders mitreißenden Passagen seines Plädoyers brachen die Zuhörer in Beifall aus. Einige Redner heuerten sogar eine Claque an, die im richtigen Augenblick zu klatschen hatte. Dabei hielt man in Rom vier Prozesse gleichzeitig ab, und zwar nur in verschiedenen Abteilungen der gleichen offenen Halle. Jeder hatte seine eigene Zuhörerschaft, und die Zuhörer eines jeden applaudierten oder bekundeten ihren Beifall durch Zwischenrufe. Aber dies war nicht die einzige Störung. Vielmehr wird berichtet, einmal habe ein Redner mit so mächtiger Stimme gesprochen, daß auch die Zuhörer aller anderen Prozesse nur noch auf ihn achteten und bei den Glanzstellen *seines* Plädoyers applaudierten, nicht den Rednern, zu deren Prozessen sie eigentlich gekommen waren. Die anderen Redner gaben auf ...

Ein Vater, der mit seinem Sohn hoch hinaus wollte, bemühte sich darum, daß dessen Ausbildung bereits im Kindesalter begann. Er gab ihn zu einem Rhetor, einem Lehrer der Redekunst, in die Lehre. Hier lernte er, über vorgegebene Themen zu reden (»der Stier des Phalaris« war ganz besonders beliebt), und zwar nach gleichfalls vorgebenem Muster und starren Regeln. Im Grunde waren diese Regeln die reine Willkür und hatten weder mit dem Milieu der jungen Redeschüler noch mit Zeitereignissen zu tun. Angestrebt wurde eine im Grunde inhaltlose Redseligkeit, und den überlieferten Beispielen nach hatten die Lehrer dieser Kunst einen bestürzenden Erfolg.

Diese Rhetorikregeln lebten auch später noch weiter. In der Renaissance wurde die alte Redekunst neu belebt. Sie prägte die Universität Bologna. Bologna wurde richtungweisend für alle weiteren Universitäten Italiens. Und hier entstand nun eine eigene, besondere Sprechweise, sehr gesucht, sehr ausgefallen, sehr gelehrt. Man bezeichnete sie als »aulischen« (»höfischen«) Stil. Es ist der Stil der Hörsäle. Noch immer geistert er durch römische Prozesse, noch immer hört man hier eine gezierte Redeweise, einen salbungsvollen Ton, und noch immer gibt es Beifall aus der Menge, die weiterhin – ein wenig schuldbewußt – diese Art des Vortrags liebt.

Auch die Form der Basilika blieb erhalten. Als unter Konstantin das Christentum im Römerreich legalisiert wurde, fehlte es den Christen an Kirchen. Sie hatten sich bisher in Privathäusern versammelt. Als sie nun endlich bauen durften, standen sie vor einem Problem: Die einzigen vorhandenen Kultbauten waren die verhaßten heidnischen Tempel. Diese konnte man einfach nicht kopieren, und vor allem waren sie nicht für den christlichen Kult geplant. Die Form der Basilika dagegen war ideal. Vorn in die Apsis kam der Altar, wo früher der Richter saß, nahm nun der Bischof Platz, und die Gemeinde füllte das weite Langschiff. Als dieses zu klein wurde, fügte man vor der Apsis ein Querschiff hinzu, um die Massen unterzubringen. Damit stand bis auf die heutige Zeit der Plan einer christlichen Kirche fest, und noch immer tragen die vier großen Pilgerkirchen in Rom die alte Bezeichnung römischer Gerichtshöfe. Und eben dieser »Umfunktionierung« verdanken wir auch die Erhaltung der großen Basilika von Leptis Magna. Als das Römerreich christlich wurde, wandelte man sie in eine Kirche um. Aus Kapitellen, geraubt aus anderen Bauwerken, errichteten die Christen von Leptis Magna eine Kanzel. Heute ist auch sie teilweise zerstört. Diese Kanzel aber war die einzige architektonische Zutat. Ansonsten blieb die Basilika unberührt – die vollkommenste Ruine ihrer Art in der gesamten römischen Welt.

3.3 Der Hafen

Der Hafen von Leptis Magna verdient die Bezeichnung »Ruinenstätte« kaum. So viel ist von ihm erhalten, daß man ihn sofort wieder in Betrieb nehmen könnte. Schiffe könnten an seinen Pollern festmachen, wenn es nur Wasser gäbe. Waren könnten an den Hafentreppen aus- und eingeladen werden. Man könnte sie auch lagern, hätten die Speicher noch Dächer. Kurz: Dieser Hafen reizt ebenso zur Geisterbeschwörung wie Pompeji.

Er liegt zwischen zwei Bodenwellen, beide von massiven Ruinen gekrönt, die kühn ins Meer vorspringen. Die Brandungswogen brechen sich an ihren gewaltigen Fundamentblöcken. Dazwischen das einstige Hafenbecken. Heute ist es verlandet, mit Büschen bewachsen. Man durchquert es zu Fuß, als wäre man selbst ein Schiff. Immer höher wächst die Kaimauer. Steinerne Stufen führen zum einstigen Hafenspiegel hinab – so wenig ausgetreten, so unversehrt, daß sie fast wie unbenutzt aussehen. Tatsächlich wirkt der gesamte Kai so neu, daß die Archäologen glaubten, eine Hypothese aufstellen zu müssen. Kurz nach dem Bau, so mutmaßen sie, habe aus unbekanntem Grund ein starker Handelsrückgang eingesetzt.

Sicherlich ereignete sich irgend etwas. Die Steinpoller an der Mauerkante zeigen kaum Reibspuren von Schiffstrossen. Hinter dem Kai verläuft eine Kolonnade, deren Säulen soeben erst aus der Steinmetzwerkstatt gekommen zu sein scheinen. Wahrscheinlich werden wir nie erfahren, warum die Hafenanlagen so unbenutzt erscheinen. Einer Wirtschaftskrise errichtet man keine steinernen Monumente.

Auf einer der Landzungen befinden sich die Fundamente eines Leuchtturms, auf der anderen erheben sich die Mauern eines Turms, der das Ein- und Auslaufen der Schiffe kontrollierte. Dahinter stand der Tempel des Jupiter Dolichenus, von dem eine großartige Freitreppe zum Hafen hinabführt. Heute herrscht hier tiefe Stille, nur unterbrochen vom Brausen der fernen Brandung. Es ist der beste Ort in Leptis Magna zum Spazierengehen und Träumen. Träumen: freilich vom Geschäft – wie die Phönikier!

Die Kaufleute von Leptis Magna waren nicht mehr vom Warenaustausch mit Wilden abhängig. Rom war das Ziel der Güter, die ihren Hafen verließen und ihnen Reichtum brachten – Rom, wo die Herren der Welt residierten. Um Rom drehte sich alles Denken, von Rom sprach man, Rom war Quelle aller Hoffnungen und Ängste. Nach Rom ging man, um Geschäfte zu machen. In den berühmten phönikischen Schiffen fuhr man bis Brindisi oder Neapel, dann ging es weiter auf ratternden Vierradkarren oder in schwankenden Sänften über die Via Appia. In Rom schnappte man Neuigkeiten und Klatsch auf, die dann in Leptis Magna die Runde machten.

Als der Hafen von Leptis Magna erbaut wurde, verdienten die Kaufleute vorwiegend auf zwei Arten Geld: durch den Export von Öl und Weizen sowie von wilden Tieren für die Amphitheater. Weder ohne das eine noch ohne das andere konnten die Römer auskommen. Wie die Kaufleute von Leptis Magna müssen wir daher diesen Exportgütern unser Augenmerk zuwenden. Es ist eine in mancher Hinsicht außergewöhnliche Geschichte, die Schritt um Schritt zu einem unerwarteten Ausgang führt: Die Männer von Leptis Magna sahen sich plötzlich, repräsentiert durch einen aus ihrer Mitte, auf dem Thron des Imperiums.

Uns allen hat man in der Schule beigebracht, daß die Kaiser das römische Volk durch »Brot und Spiele« bei der Stange hielten. Das Brot, dazu Olivenöl, war eine Spende. Betrachten wir zuerst, was es damit auf sich hatte. Seit ich Rom kenne, hat sich seine Bevölkerung vervierfacht. Kaum war der Zweite Weltkrieg vorüber, strömten Italiener von überall her in hellen Scharen zusammen, angelockt vom glanzvollen Namen der »Ewigen Stadt«. Das antike Rom hatte ein ähnliches Problem. Es begann als relativ kleine Ansiedlung, expandierte jedoch mit dem Aufstieg des Reiches. Die Gelehrten werden es nie müde, darüber zu debattieren, wieviele Einwohner es in der Kaiserzeit hatte, doch nach vorsichtigsten Schätzungen waren es mehr als eine Million – eine gewaltige Menge für die damalige Zeit mit ihrer so sehr viel geringeren Bevölkerungsdichte.

Rom war hauptsächlich Verwaltungszentrum. Im Palast auf dem Palatin regierte man das gesamte Riesenreich. Weitgehend spielten dabei Schmiergelder, Bestechungen eine Rolle, und dies bedeutete, daß jeder, den Ehrgeiz plagte, aus »seinem« Teil des Imperiums nach Rom kommen mußte, um seine Interessen im Auge zu behalten. Sogar wer nichts anderes wollte, als in Ruhe auf seinem Landgut sein Leben zu fristen, fand es klug, in Rom ein Haus zu halten, um sich die Gunst des Kaisers (und damit Hals und Eigentum) zu sichern.

All diese Menschen mußten essen, sich kleiden, Häuser bauen, doch eine ganze Armee von Sklaven stand zu ihrer Verfügung. Dies bedeutet: Für eine große Anzahl Zugewanderter gab es weder Arbeit noch regelmäßiges Einkommen. Die Kaiser lösten dieses Problem auf höchst modern anmutende Weise. Das Reich wurde erbarmungslos besteuert, und die Einnahmen gab man wieder für die Bürger aus. Verbrämt wurde diese Form der sozialen Sicherheit durch gelegentliche Sonderaufwendungen für Lustbarkeiten – bei einem Sieg, der Geburt eines Sohnes oder dergleichen. Kernpunkt all dieser Maßnahmen war, daß die ständig Unterbeschäftigten wenigstens zu essen hatten. Befehle wurden erlassen, die ihnen freie Brot- und Ölrationen garantierten.

Doch man beachte: Dies betraf nur einen Bruchteil der Gesamtbevölkerung. Maximal nahmen einmal mehr als 300 000 Menschen diese Art der Freigebigkeit in Anspruch. Doch diese Anzahl reichte hin, Leptis Magna reich zu machen.

3.4 Bestien für Rom

Die von mir aufgezeigte Parallele zur Gegenwart kann uns helfen, die freie Verteilung von Brot (in Form von Kornrationen) und Öl in etwa zu verstehen. Bei den Zirkusspielen dagegen verlieren wir jeden Boden unter den Füßen. Allenfalls können wir uns in die Lage jener Viertelmillion Römer versetzen, die regelmäßig den Circus Maximus füllten, um dem Wagenrennen zuzusehen. Für jene 50 000 jedoch, die ebenso regelmäßig ins Kolosseum gingen, um dort zuzuschauen, wie Gladiatoren sich gegenseitig umbrachten, oder die sich an nachgemachten Seeschlachten ergötzten, bei denen nichts echt war, außer daß die Teilnehmer sich tatsächlich abschlachteten, fehlt uns, offen gestanden, jedes Verständnis. Doch vielleicht sollten wir uns nicht allzuviel auf unsere größere Empfindsamkeit einbilden. Wir haben niemals Gladiatorenspiele erlebt. Gäbe uns künftig irgendein Tyrann dazu Gelegenheit – ob wir dann noch so empfindsam blieben? Die Geschichte des Alypius sollte uns eine Warnung sein. Er war in Karthago Schüler des heiligen Augustinus. Dieser heilte ihn von seiner großen Leidenschaft für Pferderennen. Dann kam Alypius nach Rom. Bestärkt durch die Lehren des großen Heiligen, weigerte er sich standhaft, zu den öffentlichen Spielen zu gehen: eine Einstellung, die für einen jungen Mann im damaligen Rom gewiß recht schwierig durchzuhalten war. Eines Tages schleppten ihn seine Gefährten geradezu mit Gewalt zum Gladiatorenkampf. Er ließ sich zwar überreden mitzugehen, hielt jedoch die Augen geschlossen. Schließlich aber öffnete er sie aus bloßer Neugier, als brausender Beifall aufbrandete. Von diesem Augenblick an war er ein viel leidenschaftlicherer Anhänger der Gladiatorenspiele als zuvor der Pferderennen.

Zum Glück lieferten die biederen Kaufleute aus Leptis Magna den Römern keine Gladiatoren, daher brauchen wir auf diese nicht einzugehen. Aber die Bürger von Leptis Magna trieben schwunghaften Handel mit Bestien, die von Jägern im afrikanischen Hinterland gekauft, in Käfige gesperrt, aus dem großen Hafen von Leptis Magna und anderen punischen Küstenstädten verschifft und schließlich bereitwilligen Abnehmern in der Reichshauptstadt verkauft wurden.

Die Römer hatten lebhaftes Interesse an Bestien, je exotischer, desto besser. Sie liebten Elefanten und hielten sie für weise. Sie bewunderten Giraffen. Geparden und Panther hielten sie als Schoßtiere (Kaiser Elagabal hieß sie, sich zwischen seine Gäste an die Tafel zu setzen). Auf eine Art waren diese Bestien Herrschaftssymbole wie die indischen Nabobs, die zur Feier der Jubiläen Königin Victorias paradierten. Reisen war mühselig, kostete viel Zeit und war überdies teuer. Nur Reiche konnten es sich leisten. Für den »kleinen Mann auf dem Forum« konnte das Imperium nie mehr bedeuten als eine Reihe von Geschichten, und diese seltsamen Tiere, die man herbeischleppte, waren der Beweis, daß er wirklich zu den Herren der Welt gehörte. Sogar ein Eisbär soll, so wird berichtet, den Römern vorgeführt worden sein. Man muß ihn aus den arktischen Gebieten Rußlands bezogen haben – eine unmißverständliche Demonstration: Rom hatte Macht und Geld, sich alles zu beschaffen, was es wollte.

Die Römer liebten es auch, beim Töten von Tieren zuzusehen. Der Mensch ist Jäger, daran läßt sich nichts ändern. Doch nur die Römer machten aus der Jagd auf Tiere eine Show. Das Kolosseum war schön mit Bäumen und Büschen dekoriert, so daß es einem Wald glich. Hunderte von wilden Tieren ließ man dann aus dunklen, unterirdischen Verliesen ins gleißende Licht der römischen Sonne hinaus. Jäger schossen die geblendeten Kreaturen zum größten Entzücken der 50 000 Zuschauer nieder, die keine Hand rührten, es sei denn zum Klatschen. Bisweilen erhob sich der Kaiser selbst in seiner Loge, ergriff Bogen oder Speer und erlegte einige Tiere eigenhändig – sorgfältig geschützt durch Barrieren, Netze und Jäger, die bereitstanden, jedes Tier sofort niederzuhauen, das es am gebührenden Respekt fehlen ließ und den Versuch wagte, den Herrn der Welt anzuspringen.

Nicht alle Kaiser waren treffsichere Schützen, doch alle veranstalteten Spiele mit wilden Tieren zum Vergnügen ihrer Untertanen. Kaiser Augustus war ein friedfertiger Mensch, der es liebte, lange Flanellbeinkleider zu tragen und mit anspruchslos-heiteren Knaben anspruchslose Spiele zu spielen. Dennoch gab auch er 26 Vorstellungen mit wilden Tieren, wobei 3500 Tiere getötet wurden. Dies geschah, bevor das Kolosseum erbaut war, daher bewegte sich alles noch in bescheidenen Grenzen. Titus weihte das riesige Bauwerk mit hunderttägigen Spielen ein. Nun ließen schon 9000 Tiere ihr Leben. Es sollte noch besser kommen. Heute noch steht in Rom eine Säule mit Reliefs, die Trajans Sieg über die Daker darstellen. Doch die Römer verlangten nach etwas Aufregenderem als Basreliefs. Trajan veranstaltete Spiele von 123 Tagen Dauer. Sie kosteten 11 000 Tiere das Leben. All dies kurbelte das Geschäft mit Leptis Magna an: Bestien waren Konsumgüter, für die ständig Nachschub vorhanden sein mußte. Es gab verschiedene Spielarten der Massenschlächterei. Mit Dolchen oder Speeren bewaffnete Spezialisten wurden engagiert, um gegen besonders wilde Raubtiere zu kämpfen. Einige dieser Männer erlangten Berühmtheit, und die Kaufleute von Leptis Magna zahlten ihnen Provision. Eine in Leptis Magna zum Vorschein gekommene Wandmalerei zeigt Szenen mit derartigen Volkshelden. Vier von ihnen waren so berühmt, daß man ihre Namen dazugeschrieben hat. Sie kämpften gegen sechs Leoparden, von denen – heiliger Sportgeist! – drei gleichfalls namentlich genannt werden: Rapidus, Fulgentius und Gabatius. Man möchte gern wissen, was ihnen diese Ehre einbrachte – hoffentlich hatten sie bei früheren Kämpfen stets ihren Mann getötet! Mindestens für zwei Jäger ist nach dieser Darstellung die Laufbahn in der Arena zu Ende, und für einen namens Victor hat gleichfalls die letzte Stunde geschlagen. Leider müssen wir hinzufügen: Auch der Leopard Rapidus wird den Kampf nicht überleben. Ihn trifft gerade der tödliche Stoß.

Wie gesagt, lese ich gern Martial. Er malte mit lebhaften Farben eine Tier-Show aus, die förmlich dafür ausgeklügelt war, auch noch den blutgierigsten Sadisten unter den Zuschauern zu übersättigen. Ein zum Tode Verurteilter wurde zu einem Kreuz in der Mitte der Arena geführt und dort in der üblichen Weise – mit Nägeln durch Arme und Fußgelenke – gekreuzigt. Als der Gekreuzigte sich in seinen Qualen wand, wurde ein ausgehungerter Bär freigelassen. Er roch das Blut und griff den Todgeweihten an. Mit seinen Krallen zerriß er dessen Glieder und machte aus dem Rumpf eine blutige Masse, an der nichts Menschenähnliches mehr war. Aber – so Martial – sie wand sich noch immer.

Eine solche Unterhaltung hatte wenig mit Kunst zu tun. Andere waren ausgeklügelter. So besaß Nero einen ausgesprochenen Sinn fürs Theatralische. Wir wissen, daß er selbst als Sänger auftrat. Seine Untertanen setzte er in Erstaunen, indem er, nur mit einer Keule bewaffnet, aus seiner Kaiserloge herabstieg und einem Löwen herausfordernd entgegentrat. Er tötete ihn. Selbstverständlich hatte man den Löwen vorher schon narkotisiert. Aber es erweckte auf jeden Fall großen Eindruck. Noch sonderbarer war die Darstellung der Orpheussage. Wie es hieß, bezauberte Orpheus wilde Bestien mit dem Spiel seiner Leier, bis der Löwe neben dem Lamm lag. Später allerdings wurde Orpheus in Stücke gerissen. Irgendeinen Unglücklichen ersah man dazu aus, Orpheus' Rolle zu spielen. Er wurde entsprechend kostümiert und erhielt eine Lyra, auf der er sicher manchen Mißton von sich gab. Damit »besänftigte« er zuvor schon betäubte Tiere. Dann kam das Ende. Eine Horde hungriger Bestien schoß in die Arena. Sie rissen den Orpheus-Darsteller in Stücke.

4 DER GRIFF NACH DER MACHT – DIE SEVERER

4.1 Die Vorläufer: Commodus und Didius Julianus

Die Leidenschaft der Römer für das Amphitheater brachte nicht nur den Bürgern von Leptis Magna Geld ein, sondern spielte auch eine große Rolle beim Aufstieg eines der Ihren zum Kaiser. Septimius Severus wurde 146 n. Chr. in Leptis Magna geboren. Er stammte aus wohlhabender, angesehener Familie. Zwei seiner Großonkel hatten die Würde eines Konsuls bekleidet. Von seiten seines Vaters war er libysch-punischer Herkunft – eine Tatsache, die ihm eine Erwähnung im Senat der Vereinigten Staaten eintrug: im Juli 1963 erhob sich ein Senator und erklärte, Septimius Severus sei ein Halbneger und daher ein schlechter Kaiser gewesen. Doch ein Neger war Septimius nicht. Aber er war auch kein Römer. So sehr blieb er Sohn seiner Heimatstadt Leptis Magna, daß er Latein mit unüberhörbar punischem Akzent sprach. Er genoß eine gute Erziehung in Leptis Magna und wurde dann nach Rom geschickt, um etwas hauptstädtischen Schliff zu bekommen und Karriere zu machen. Der damalige Kaiser Mark Aurel nahm Severus unter seine Fittiche. Daher soll auch er hier kurz erwähnt werden. Marcus Aurelius Antoninus ist der weitaus bekannteste unter den »guten« Kaisern. Oft wird er viel liebenswerter dargestellt, als es den Tatsachen entspricht. Viel verdankte er einer Portion Glück. Im übrigen kann man ihm Sinn für Philosophie und Innerlichkeit nicht absprechen. Unglücklicherweise hatten gerade zu seiner Zeit Barbarenvölker begonnen, jenen Druck auf das Römerreich auszuüben, der schließlich zu dessen Zerstörung führen sollte. Daher verbrachte Mark Aurel notgedrungen den größten Teil seiner Regierungszeit im Felde und auf Kriegszügen, die er zutiefst verabscheute. Zum eigenen Trost führte er ein Notizbuch, in das er so tiefgründige Gedanken eintrug, wie sie einem in all dem militärischen Durcheinander nur einfallen können. Dieses unter dem Titel SELBSTBETRACHTUNGEN bekannte Buch ging beinahe den Weg von tausend anderen Büchern. Eine einzige Kopie überlebte die Katastrophe des Römerreiches und den Anbruch des Mittelalters. Auch sie ist heute verloren, doch 1555 wurde das Werk in Zürich erstmals gedruckt und fand sofort weite Verbreitung. Zum großen Teil enthält es eine etwas ungenießbare Erläuterung der stoischen Lehre. Doch Mark Aurel war ein Mensch, der viel über sich nachdachte. Daher verwob er seine Philosophie mit einem Selbstporträt. Er schildert sich als pflichtbewußten Sohn, respektvollen Schüler und als Kaiser, dem das Wohl der ihm Anvertrauten am Herzen lag, all dies mit mehr als einem Hinweis darauf, wie gut er damit gefahren sei. Außerdem gibt er endlose Ratschläge: Man müsse die Dinge nehmen, wie sie auf einen zukämen, dürfe den Mut nicht verlieren und dergleichen. Seine große Popularität verdankt das Buch all dem nicht. Sein Reiz besteht vielmehr darin, daß ein römischer Kaiser mittleren Alters die gleichen Gedanken äußert wie jeder andere Mann in den mittleren Jahren. So schreibt er:

»Der Mann von 40 Jahren, der nur etwas Weisheit besitzt, hat alles Vergangene und Künftige gesehen, denn alles ist einander gleich.« Er verbrämt dies philosophisch, doch genauso denken Millionen, wenn sie abends in ihre Pantoffeln schlüpfen.

An Mark Aurel wäre nichts zu tadeln gewesen (und er war überzeugt, daß es nichts zu tadeln gab), hätte er nicht eine Schwäche gezeigt. Wie viele, die gern tiefsinnig über die menschliche Natur reden, war er, wenn es darauf ankam, ein miserabler Menschenkenner. In den Augen der Römer von Stand war der Lebenswandel seiner Frau ein Skandal, und wir können sicher sein, daß mancher Prominente es nicht unterließ, dies dem Kaiser unter die Nase zu reiben. Mark Aurel aber war so von ihrer Keuschheit und Treue überzeugt, daß nichts auf der Welt diese Überzeugung ändern konnte. Ja als seine Gattin starb, ließ er sie zur Göttin erheben.

Es war Sitte, daß die Kaiser ihren Nachfolger aussuchten, um ihn in die Staatskunst einzuweisen. Meist fiel ihre Wahl auf jemanden, den sie für entsprechend befähigt hielten, und sie adoptierten ihn als Sohn. Mark Aurel wählte seinen eigenen Sohn Commodus zum Nachfolger. Commodus erwies sich als der unmöglichste Kaiser, den man sich denken kann. Das beste, was sich ihm nachsagen läßt, ist, daß er sein Kaisertum offenbar genoß.

Inzwischen war Septimius Severus weiter aufgestiegen. 190 n. Chr. wurde er Konsul und danach Statthalter in Pannonien. Die nächste Stufe war das Kaisertum. Er faßte es mit aller Energie ins Auge, denn Commodus führte sich so auf, daß eines gewiß war: Früher oder später würde der Ruf nach einem neuen Kaiser laut werden.

Eine ausgezeichnete Büste des Commodus bewahrt das Kapitolinische Museum. Der Bildhauer wollte dem Kaiser schmeicheln, indem er ihn als stattlichen, wohlgebauten Mann mit den Attributen des Herakles darstellte, für dessen Wiedergeburt Commodus sich hielt. Dennoch konnte der Künstler die Wahrheit nicht verheimlichen. Mit aller Deutlichkeit zeigt das Porträt: Commodus stand geistig bestenfalls auf dem Niveau eines sportbegeisterten Schulknaben. Wie es tatsächlich um seine Kindheit bestellt war, ist nicht ganz klar. Sein Zeitgenosse, der Historiker Cassius Dio, fand an seinem Verhalten nichts Auffälliges. Andere, spätere Autoren schildern ihn als liederlichen Zotenreißer und verkommenen Sadisten. Gemessen an dem, wie er sich später zeigte, dürfte dies wahrscheinlicher sein. Vielleicht wollte Cassius Dio nur das Andenken Mark Aurels schonen. Jedenfalls wird berichtet, daß, als Commodus zwölf Jahre alt war, sein Bademeister das Bad zu kalt angerichtet hatte. Sofort befahl er, den Mann in die Feuerkammer der Heißwasseranlage zu werfen. Statt dessen warfen die Diener einen Schafspelz hinein. Der Gestank dürfte den jugendlichen Unhold zufriedengestellt haben.

Das Fest seiner Mannbarkeit feierte er mit der Eröffnung eines Bordells, in dem seine eigenen Geliebten »untergebracht« waren. Später, als er Kaiser war, weitete sich dies zu einem Harem von 300 Frauen und 300 Lustknaben aus, die einzig und allein aufgrund körperlicher Vorzüge ausgesucht wurden. Er selbst begab sich oft in Frauenkleidung zum Amphitheater und hatte seine Freude daran, so in der Kaiserloge Platz zu nehmen. Er bevorzugte die ausgefallensten Formen des Geschlechtsverkehrs. Seine Untertanen mag dies schokkiert haben, uns weniger, weil wir dies nur als unvermeidliches Element seines psychischen Gesamtbildes ansehen. Geht man einige der moralisierenden Passagen in den SELBSTBETRACHTUNGEN seines Vaters durch, so begreift man Commodus als den gegen seinen so erdrückend »guten« Vater revoltierenden Sohn. Für seine Zeitgenossen war er nichts als ein Ausbund vorsätzlicher Bosheit. Vielleicht hatten *sie* recht. Sexuelle Ausschweifungen allein hätten die Römer nicht so gegen ihn aufgebracht. Sie verurteilten nie sexuelle Freiheit, erst die Christen vertraten eine strengere Position. Am besten läßt sich die Einstellung der Römer durch eine Anekdote charakterisieren, die Plutarch übermittelt. Danach sah der ältere Cato, der sich gern als Wahrer von Recht und Sitte apostrophierte, eines Tages einen jungen Mann aus einem Bordell kommen. »Gut so!« äußerte Cato da zustimmend. Doch als er das nächste Mal wieder am selben Bordell vorbeiging und den jungen Mann dort schon wieder traf, fügte er hinzu: »Ich meinte aber nicht jeden Tag!«

Am meisten aber stieß Commodus die Römer durch seine Leidenschaft für Wagenrennen und Gladiatoren vor den Kopf. Rennchampions und erfolgreiche Gladiatoren waren Volkshelden, gewiß, aber gleichzeitig verachtet und auf dem untersten Rang der sozialen Stufenleiter. Doch nun fuhr Commodus, Mark Aurels Sohn und Kaiser, selbst Rennen und, was noch schlimmer war, kämpfte mit Gladiatoren – zuerst ganz privat in seinem Palast, dann aber auch in aller Öffentlichkeit.

Dabei sorgte er für seine Sicherheit. Zwei Sekundanten schützten ihn, bereit, jeden Gladiator niederzuschlagen, der Miene machte, den Sport des Kaisers allzu ernst zu nehmen (und dies, obwohl er ihnen beim Unterricht oft die Nasen abhieb). Außerdem erhielten seine Gegner nur Schwerter aus Blei. Man hätte es hingenommen, wenn Commodus diese Art Sport nur in seinen eigenen vier Wänden betrieben hätte. Aber er trat auch öffentlich auf. Damit zog er wissentlich die Würde des Kaisertums in den Schmutz. Vom Senator an abwärts war die Teilnahme an diesen Schauspielen Pflicht. Und mochte jeder im stillen Kämmerlein empört sein – in der Öffentlichkeit jubelte man dem Herrn und Meister zu!

Glücklicherweise besitzen wir eine Schilderung aus der Feder eines nüchternen Historikers, Cassius Dio. Er entschuldigt sich, da er befürchtet, man könne ihm vorwerfen, er verlasse das Niveau seriöser Geschichtsdarstellung. Doch versichert er, Augenzeuge dessen gewesen zu sein, was er schildert, und er gibt auch zu, aus Angst um sein Leben habe er selbst, wenn auch unfreiwillig, Beifall geklatscht. Ein solcher Mann ist gewiß ein verläßlicher Führer, dem man sich anvertrauen kann.

Commodus zog mit großem Pomp in die Arena ein. Die Beschreibung des Cassius verdient es, wiedergegeben zu werden, denn die meisten von uns stellen sich einen römischen Kaiser in schlichter Toga vor. Commodus trug eine mit Gold durchwirkte, weiße Seidentunika. Diese vertauschte er gegen eine Purpurrobe mit Goldpailletten. Dazu trug er ein mit Edelsteinen aus Indien besetztes goldenes Diadem. Da er sich einbildete, Herakles zu sein, wurden die Insignien dieses Halbgottes – Löwenfell und Keule – vor ihm hergetragen. Sie erhielten in der Kaiserloge feierlich einen eigenen Platz zugewiesen. Außerdem hielt sich Commodus für Merkur. Daher trug er selbst den geflügelten Stab dieses Gottes. Sobald es Zeit wurde, die Spiele zu beginnen, fand ein neuer Garderobenwechsel statt. Nun kleidete er sich in das einfache Gewand Merkurs: eine Tunika und keine Sandalen. In dieser Aufmachung begann der Herrscher der Welt seine Vorstellung. Der Morgen war dem Töten von Tieren gewidmet. Bei einer solchen Darbietung brachte er eigenhändig hundert Bären um. Zwar erlegte er sie von einem sicheren Platz aus, ringsum durch die Balustrade der Arena geschützt, doch offensichtlich war er ein hervorragender Schütze.

Cassius Dio beschreibt sehr ungeschminkt, wie das Publikum (und er selbst) reagierte. Einmal wurde Commodus durstig und trank einen großen Behälter Wein in einem Zug leer. »Dabei«, so Cassius, »brachen alle Popularen und wir (d. h.: die Senatoren) sofort in den bei Gelagen üblichen Ruf aus: ›Mögest du lange leben!‹« Das Protokoll verlangte von ihnen auch, eine Reihe weiterer Lobsprüche in einer Art Sprechgesang vorzutragen. Eine Kostprobe davon blieb erhalten: »Du bist der Herr, du der Erste, von allen Menschen der Glückhafteste. Sieger bist du und Sieger bleibst du, seit Anbeginn ... bist du Sieger.«

Obwohl Anwesenheit Pflicht war, drückten sich viele. Der Grund: Man befürchtete, Commodus werde eines Tages Herakles beim Töten der Stymphalischen Vögel nachahmen und dabei auf die Zuschauer schießen. Dies lag ihm, bemerkt der Historiker, gar nicht so fern. Eines Tages kam ihm in den Sinn, sämtliche beinlosen Krüppel der Stadt zusammenzutrommeln. Er ließ irgendein Tuchzeug an ihre Stümpfe binden, so daß sie wie Schlangen aussahen. Dann schlug er sie mit einer Keule tot.

Auch was Commodus unter Humor verstand, war, wie nicht anders zu erwarten, finster und grimmig. Eine seiner Heldentaten bestand darin, Straußen mit einem in den Hals gezielten Pfeilschuß den Kopf abzutrennen. Aus anderen Quellen wissen wir, daß er dazu rasiermesserscharfe Pfeilspitzen mit sichelförmiger Querkante verwendete. Es bedurfte dann kaum noch eines Schwerthiebes, um den bedauernswerten Geschöpfen den Kopf endgültig abzuschlagen. Den abgehauenen Straußenkopf in der einen und das Schwert in der anderen Hand, ging er dann zu den Rängen der Senatoren. Dabei sagte er kein Wort, sondern bewegte nur vielsagend den Kopf, als ob er andeuten wollte, jedem Senator könne es ebenso gehen, wenn er es darauf anlegte.

Es folgt eine seltsame Passage, die deutlich den Zustand kaum verhüllter Hysterie illustriert, in dem sich die Senatoren und andere unter der Herrschaft dieses Tyrannen befanden. Cassius Dio bemerkt, er sei sicher, viele von ihnen hätte man auf der Stelle niedergemacht, wenn sie gelacht hätten. Sie *mußten* lachen, aber Cassius Dio hatte einen rettenden Einfall. Er nahm einige Blätter aus seinem Lorbeerkranz und kaute sie, und die Senatoren neben ihm taten es ihm nach. »So«, schreibt er, »verbargen wir durch ständiges Kauen, daß wir in Wirklichkeit lachten.«

Am Nachmittag fanden dann Gladiatorenspiele statt. Commodus bevorzugte eine Kampfart, bei der ein mit Netz und Dreizack bewehrter Gladiator gegen einen anderen mit Helm und Schwert antrat. Der Dreizack war durch einen Stab ersetzt, und Commodus hatte ein Holzschwert. Commodus gewann stets. Die Senatoren müssen eine Menge Lorbeer zerkaut haben! Nicht weniger als 734mal soll Commodus als Gladiator aufgetreten sein.

Man fragt sich, wie ein solcher Mann die Regierungsgeschäfte führte. Die Antwort lautet: Er regierte überhaupt nicht. Dies überließ er seinen Günstlingen. Der erste davon war Perennis. Er ließ die Zeit für sich arbeiten, redete Commodus nach dem Munde und gelangte so nach und nach zu Macht. Doch die Legionäre erhoben sich gegen ihn. Die in Britannien stationierten Truppen schickten eine Protestdelegation. Commodus ließ sie vor und fragte nach ihrem Begehren. Sie erklärten, Perennis schmiede ein Komplott, um seinen Sohn an Commodus' Stelle zum Kaiser zu erheben.

Ein anderer Günstling, Kleandros, bestätigte diese Nachricht. Commodus zögerte nicht länger, als gälte es nur, einem seiner Strauße den Garaus zu machen, und befahl, Perennis zusammen mit seiner Frau, seiner Schwester und seinen beiden Söhnen umzubringen. Kleandros rückte an Perennis' Stelle nach und war bald der tatsächliche Herrscher des Weltreichs.

Damals befand Commodus sich in außergewöhnlichen Geldschwierigkeiten. Er hatte die unwahrscheinliche Leistung vollbracht, den Staatsschatz zu verprassen. Kleandros suchte daher Geld für ihn aufzutreiben. Jedes staatliche Amt einschließlich der Konsulwürde wurde zum Kauf ausgeschrieben. In einem einzigen Jahr erlangten so 24 Personen den Konsultitel. Ein weiterer Punkt seines Programms war die Einführung einer ganz besonderen Form von Menschlichkeit im Gerichtswesen. Hatte ein Verbrecher nur genügend Geld, so konnte er sich seine Begnadigung erkaufen und überdies für Richter und Anklagezeugen jede beliebige Strafe erwirken. Seit Beginn des Prinzipats war Hochverrat stets mit dem Tode und der Beschlagnahme aller Güter bestraft worden. Kleandros erweiterte diese Bestimmung, so daß jeder, der irgend etwas besser konnte als der Kaiser, als Hochverräter galt. Jemand wurde hingerichtet, weil er besser Löwen jagte als Commodus, ein anderer, weil er zu tugendhaft war – ganz offensichtlich beschämte ein Mensch ohne Laster den Kaiser und war daher des Todes würdig. Andererseits war jede vom Kaiser verhängte Todesstrafe gerecht, woraus klar folgte, daß jeder, der sich darüber aufregte, selbst des Todes war.

Doch jedenfalls füllte die Kasse sich wieder, und Commodus' Zerstreuungen konnten weitergehen. Er gab ihnen jetzt einen ausgefallenen Akzent, und es genügte ihm nicht mehr, sich an Mädchen und Knaben schadlos zu halten. Ebenso wie Commodus sich für Herakles, für Merkur, für einen Rennwagenfahrer und Gladiator hielt, so bildete er sich auch ein, ein großer Chirurg zu sein. Mit seinen Skalpells schlitzte er Menschen auf und ließ sie dann verbluten.

Die Römer ließen ihn gewähren, bis Kleandros so unklug war, der Bevölkerung den Brotkorb höher zu hängen. Sein Getreidemonopol beschwor eine Hungersnot herauf. Bei einem Pferderennen kam es zum Aufruhr. Kleandros rief die Prätorianer, doch sie wurden überwältigt. Nun befahl er die Garde zu Fuß herbei, doch diese schloß sich den Aufständischen an. Ein langer Zug formierte sich bis hin zum Palast. Allen Anhängern des Kaisers drohte ein Blutbad. Auch dem Kaiser schwor man den Tod. Einer seltsamen Palastregel zufolge drohte dem Überbringer schlechter Nachrichten sofortige Hinrichtung. Daher wagte anfangs niemand, den Kaiser zu stören, der wie immer seinen Vergnügungen nachging. Schließlich trauten sich seine Schwester und seine erste Konkubine in die Höhle des Löwen. Die Menge forderte Kleandros' Kopf. Commodus wandte sich von seinen Spielen ab, gerade lange genug, um zu befehlen, man solle Kleandros den Kopf abschlagen und ihn aus dem Fenster in die Menge werfen. Der Mob zog sich daraufhin zurück, und Commodus spielte weiter. Leichter hätte er das Vermögen nicht verdienen können, das Kleandros zusammengescharrt hatte.

*

Das Kolosseum in Rom verdankt seinen Namen keineswegs seiner kolossalen Größe, sondern einer vor ihm errichteten Kolossalstatue. Commodus ließ das Haupt dieser Statue abschlagen und durch einen Kopf mit seinen eigenen Gesichtszügen ersetzen. Am Sockel ließ er eine Inschrift anbringen, die besagte, er sei erstens Herkules und zweitens »der Favorit unter den *secutores* (d. h.: jenen Zirkuskämpfern, die gegen den Gladiator mit Netz und Dreizack antraten) und zugleich der einzige linkshändige Kämpfer, der zwölfmal über eintausend Mann gesiegt« habe.

Natürlich bestand kein Zweifel mehr: Commodus war tatsächlich übergeschnappt. Seine Leidenschaft für das Amphitheater war zu einem echten Wahn ausgeartet. Die Männer in seiner Umgebung gelangten zu der Folgerung (wie fast alle einmal, die es mit Wahnsinnigen zu tun haben), man könne seine Extravaganzen nicht mehr lächelnd hinnehmen und sich darauf verlassen, alles werde sich schon einrenken. Immerhin war Commodus kein unreifer Knabe mehr, sondern bereits 31 Jahre alt. Und er faßte den Plan, beide Konsuln zu ermorden, aus der Gladiatorenzelle hervorzutreten und sich gleichzeitig zum Konsul und *secutor* auszurufen. Das war mehr, als man ertragen konnte, denn damit trat er alles in den Schmutz, was noch von Alt-Roms Würde übrig war. Verschwörer kamen zusammen, um ihn aus dem Wege zu räumen. Man versuchte, ihn zu vergiften. Doch seine körperliche Verfassung war so glänzend, daß er das Gift wieder erbrach. Sein wirklicher Tod entsprach seinem Leben besser: ein Athlet namens Narcissus wurde zu ihm geschickt und erdrosselte ihn im Bad. Commodus hatte zwölf Jahre, neun Monate und vierzehn Tage regiert, und das war sein Unglück. Wäre er nicht Kaiser gewesen, hätte er ohne Zweifel einen erstklassigen Athleten abgegeben.

Theoretisch war die Wahl eines neuen Kaisers Aufgabe des Senats. In der Praxis lag sie in der Hand der Streitkräfte, und der Senat beschränkte sich darauf, dem neuen Herrscher schmeichlerische Ergebenheitsadressen zu schicken und zu debattieren, ob sein verstorbener Vorgänger ein Gott geworden sei. Bei Commodus' Tod war der aussichtsreichste Kandidat ein betagter Mann namens Pertinax, dessen gerade Lebensart und dessen im Staatsdienst bewiesenes Pflichtbewußtsein ihn zum Gegenteil alles dessen stempelten, was Commodus verkörpert hatte. Wie es der Gewohnheit entsprach, verhieß er den Prätorianern hohe Geldsummen. Die Prätorianergarde war eine von Roms erstem Kaiser, Augustus, begründete Elitetruppe. Augustus hatte sie sich zu seinem persönlichen Schutz zugelegt. Sie rekrutierte sich aus zuverlässigen Männern, die doppelten Sold erhielten. Anfangs 9000–10 000 Mann stark, wurde sie von Kaiser Vitellius auf 19 000 Mann erweitert – eine beachtliche Streitkraft, die leicht in Rom die Macht an sich reißen konnte. Bei jeder neuen Kaiserwahl war es Sitte, jedem Prätorianer eine Geldsumme zu überreichen, und man ließ diese Geldgeschenke in der Regel nicht allzu knapp ausfallen, um gar nicht erst das Risiko einer Meuterei einzugehen. Ein Thronbewerber konnte sich das leisten, denn saß er erst einmal fest im Sattel, verfügte er über sämtliche Hilfsquellen des gesamten Reiches. Pertinax allerdings befand sich in einer schwierigen Lage. Persönlich war er nicht übermäßig begütert, und in der Staatskasse hatte Commodus nicht mehr als eine Million Sesterzen hinterlassen. Dennoch versprach er jedem einzelnen 20 000 Sesterzen und hoffte, später durch gute Geschäftsführung die Bilanz wieder auszugleichen. Die Prätorianer waren die einzigen in Rom, die Commodus' Tod bedauerten. Commodus war ein Mann nach dem Herzen der Soldaten gewesen. Mit Pertinax war dagegen ihrer Ansicht nach nicht viel los. Sie hielten ihn für einen Geizhals. Doch fürs erste nahmen sie sein Zahlungsversprechen an. Pertinax stürzte sich auf Reformen. Er behandelte den Senat mit ausgesuchtem Respekt. Er versicherte, er werde niemanden zum Tode verurteilen, und er vermied den Fehler Mark Aurels: Er widersetzte sich dem Willen des Senats, seinem Sohn den Titel Caesar zu verleihen. Ja, er ließ diesen Sohn nicht einmal im Palast aufwachsen.

Auch das Volk begriff: All diese Maßnahmen waren ausgezeichnet – nur: Geld fehlte ihm noch immer. Er ließ sämtliche Sportgeräte und Luxusgegenstände versteigern, die Commodus gesammelt hatte. Das war eine Sparmaßnahme, doch überzeugte sie die Prätorianer nicht, die um ihr Geld bangten. Pertinax brachte für jeden einzelnen Gardisten 12 000 Sesterzen auf (er selbst sprach von noch größeren Summen), doch die Prätorianer ließen sich nicht abspeisen. Vom Reformeifer hingerissen, hatte Pertinax die Garde strengstens zu äußerster Ehrlichkeit verpflichtet und ihr auch das Privileg gelegentlichen Plünderns entzogen. Daher konspirierte der Prätorianerpräfekt Laetus gegen ihn. Um die Garde aufzuhetzen, ließ er einige Prätorianer hinrichten und entschuldigte sich mit der Behauptung, er führe nur Pertinax' Befehle aus. Es wird sich zeigen, daß er seine Absicht gründlich durchführte. Die Prätorianer schäumten vor Wut. 200 Gardisten marschierten zum Palast und stürmten Pertinax' Räume. Pertinax trat ihnen ruhig entgegen. Er versuchte, sich zu verteidigen. Angesichts dieses mutigen Verhaltens steckten die Soldaten ihre Schwerter wieder ein – alle bis auf einen. Mit dem Ruf »Dies schickt dir die Garde!« erhob dieser sein Schwert und durchbohrte den Kaiser. Nun stachen auch alle anderen auf ihn ein. Sie hieben ihm den Kopf ab, steckten ihn auf eine Lanze und trugen ihn voller Freude zur Prätorianerkaserne. Worüber sie sich freuten, ist ungewiß. Pertinax kann kaum jemandem viel Schaden zugefügt haben, zumal er nur ganze 87 Tage regierte. Nun aber spielte sich eine der denkwürdigsten Szenen der römischen Geschichte ab. Didius Julianus war ungewöhnlich reich und ungewöhnlich ordinär. Er war ein Senator, vor allem aber ein Verschwender, dessen ganze Freude Schlemmereien waren. Doch nicht nur hinter gutem Essen war er her, ebenso hinter Geld, um seine Gaumenfreuden zu bezahlen. Nie hörte er auf, im Trüben zu fischen. Bei Pertinax' Ermordung rechnete er sich eine goldene Chance aus und brach daher unverzüglich zur Prätorianerkaserne auf. Man ließ ihn nicht ein, aber er schrie so laut, daß man ihn hinter der Mauer hörte. Er rief die Summe aus, die er zu zahlen bereit wäre, wenn ihn die Garde zum Kaiser erhob.

Im Prätorianerlager hielt sich Suplicianus auf. Noch vor seinem Tode hatte ihn Pertinax dorthin geschickt, damit er sich ein Bild von der Lage machte. Auch er begann nun zu bieten. Prätorianer rannten zu Didius Julianus hinaus, um ihm die Summen zu nennen. Didius Julianus erhöhte sein Angebot. Die Gardisten rannten zurück. Suplicianus erhöhte seinerseits. Julianus schlug nochmals auf. Das Feilschen wurde so heftig, daß Julianus sich durch Gesten verständlich zu machen suchte. Schließlich trieb er den Preis so hoch, daß Suplicianus nicht mehr mithalten konnte. Didius Julianus bot jedem Prätorianer 20 000 Sesterzen, und das unter den Hammer gekommene kaiserliche Diadem fiel ihm zu. Sein erster Gedanke galt dem Essen. Von seinen Freunden umgeben, schritt er zum Palast; in seinem Gefolge auch sein Lieblingsschauspieler Pylades. Ein Mahl war bereitet. Bestellt hatte es Pertinax, dessen Leichnam noch immer nicht beseitigt war.

Julianus bereitete diese Mahlzeit einen Riesenspaß – er war ein Mann, der allem eine heitere Seite abgewann –, und aus der ganzen Stadt ließ er die teuersten Delikatessen und Weine anfahren. Als alles fertig war, ließ er sich nieder, um sich vollzustopfen. Unterdessen jagten schon Kuriere überallhin und meldeten Pertinax' Tod. Ein Kurier kam zum Gouverneur von Pannonien, jenem Septimius Severus, der einst als Knabe von Leptis Magna nach Rom gekommen war. Julianus verbrachte seine erste Nacht als Herr der Welt beim Würfelspiel. Am Morgen empfing er dann die Senatoren, darunter auch Cassius Dio. Alle, die Pertinax unterstützt hatten, erschienen voller Angst um ihren Kopf, zumindest um ihren Besitz. Cassius Dio berichtet, sie verstellten sich und taten so, daß man ihnen ihre Trauer nicht anmerkte. Für Julianus muß dies nicht minder unterhaltsam gewesen sein als das Mienenspiel seines Lieblingsschauspielers Pylades. Weniger Mühe, seine Gefühle zu verbergen, gab sich allerdings das »gewöhnliche Volk«. Es hatte gern Commodus' Extravaganzen hingenommen, solange er es nicht zu arg trieb. Dann allerdings war es zu Protesten gekommen – freilich wohlgemerkt nicht gegen ihn, sondern gegen seine Helfershelfer. Doch gegen Julianus war man von Anfang an voreingenommen. Wenn er vor dem Betreten des Senatsgebäudes das vorgeschriebene Opfer darbrachte, scharte sich eine keifende Menge um ihn. Man schalt ihn, er habe die Herrschaft gestohlen (was gewiß nicht zutraf, denn er hatte sie gekauft). Mit dem ihm eigenen Humor bot Julianus den Umstehenden Geld, damit sie ihn in Ruhe ließen. Nun erreichte die moralische Entrüstung ihren Höhepunkt. Man schrie ihn an, man wolle sein Geld nicht. Julianus sah sich der ihn verunsichernden Situation gegenüber, daß er zwar ein Reich, nicht aber eine erregte Volksmenge kaufen konnte. Er befahl, einige der Schreier zu töten. Sie wurden an Ort und Stelle niedergemetzelt. Die Menge stob auseinander, versammelte sich aber im Circus Maximus erneut – direkt unter den Fenstern des kaiserlichen Palastes. Dort machte sie eine Nacht und einen Tag lang ihrer Empörung Luft. Man rief die Soldaten von den Grenzgebieten des Reiches zu Hilfe. Schließlich ging die Menge abermals auseinander, erschöpft vom Schreien, von Hunger und Schlaflosigkeit. Doch die Hilferufe fanden Gehör. Julianus feierte inzwischen weiter, ging ins Theater und riß seine Witze. Den Senatoren gegenüber gab er sich servil, doch keiner von ihnen traute dem Frieden. Sie boten ihm die übliche Goldstatue an. Er aber lehnte ab. Im Scherz bat er um ein Standbild aus Bronze, denn Goldstatuen, so witzelte er, verschwanden im allgemeinen nach dem Tod eines Kaisers rascher als solche aus Bronze. Bronze sei viel dauerhafter. Mit einem Wort: Er war bereits wieder bester Laune. Anscheinend hielt er sein Versprechen an die Prätorianer für seinen besten Witz. Er dachte nicht daran, es einzulösen.

Der Mann, von dem die Menge sich Rettung versprach, war Gaius Pescennius Niger, der Statthalter von Syrien. Als dessen Truppen von Pertinax' Tod (und vielleicht auch von den Hilferufen aus Rom) gehört hatten, riefen sie ihn zum Kaiser aus. Er brach zum Marsch in die Hauptstadt auf, doch ohne Überstürzung, denn er neigte eher zum Zaudern. Septimius Severus war sein Gegenspieler. Er versammelte seine Truppen, sprach zu ihnen von Pertinax' großen Verdiensten und drängte sie, Pertinax' Ermordung zu rächen. Fraglich ist, ob die Soldaten Pertinax wirklich für einen solchen Helden hielten, aber Severus' Absicht lag so offen zutage, daß sie auch ihn zum Kaiser ausriefen und sich darauf einstellten, ihn in Rom mit Waffengewalt in sein Amt einzusetzen.

Außer Pescennius Niger hatte Septimius Severus einen weiteren Rivalen: Clodius Albinus, den Statthalter von Britannien, einen fähigen, aber kompromißbereiten Mann. Der Anspruch auf den Thron barg ein großes Risiko. Unterlag man, so bedeutete dies sicheren Tod. Darauf baute Septimius Severus. Er bot Clodius den Caesarentitel an, damit Anteil an der Reichsverwaltung und das Recht der Amtsnachfolge. Clodius stimmte zu. Severus hatte freie Bahn für seinen Marsch auf Rom. Es kam nur noch darauf an, früher da zu sein als Niger.

Severus zwang die Truppen zu Gewaltmärschen. Aus 600 Mann formierte er eine Leibgarde. Er marschierte in ihrer Mitte, und niemand durfte weder bei Tag noch bei Nacht seinen Brustpanzer ablegen. Severus überquerte die Julischen Alpen, nahm Ravenna ohne Schwertstreich und zog nach Rom. Als dort die Nachricht eintraf, Severus sei im Anmarsch, gab Julianus sich kriegerisch. Er ließ Befestigungen anlegen (Rom war damals ohne Mauern) und rief die in Misenum stationierte Flotte zusammen – ein großartiger Schachzug, denn Severus rückte auf dem Landwege herbei. Dem Senat befahl er, Severus zum Hochverräter zu erklären, und aufgrund trüber Erfahrungen schickte er Severus gleichzeitig Unterhändler und Mörder entgegen. Das Ergebnis seiner militärischen Demonstration war eher tragikomisch. Die Soldaten in Rom hatten keinerlei Kampferfahrung, und die Waffen waren ihnen geradezu lästig. Die Seeleute, die nach Rom kamen, erwiesen sich als bar jeder Disziplin und nicht einmal fähig, mit ihren Schiffen umzugehen. Elefanten wurden aufgeboten, um die pannonischen Legionäre einzuschüchtern. Aber auch das gelang nicht, denn die Tiere warfen nur ihre Reiter ab. Die Prätorianergarde war verärgert. Erstens hatten die Soldaten ihr Geld noch immer nicht, und dafür sollten sie nun auch noch kämpfen. Zweitens hatten Sie Angst. Severus' Soldaten standen im Ruf, ausgezeichnet ausgebildete Kämpfer zu sein.

Auf dem Höhepunkt der Krise hatte Julianus einen Geistesblitz. Eine Katastrophe drohte, doch er meinte, wenn er die Gefahr voraussähe, hätte er wohl auch eine Chance, sie abzuwenden. So tötete er eine Anzahl Knaben in einem magischen Ritual. Die blutigen Leichname enthüllten nichts – außer daß der Herrscher der Welt die Nerven verloren hatte. Nach den Knaben die Vestalinnen. Julianus verfiel auf die Idee, sie als Deputation zu Severus zu schicken, doch der Senat wies dieses Ansinnen zurück. Nun blieb nur noch übrig, Severus die Mitregentschaft anzubieten. Julianus ließ Severus dieses Angebot durch Vetrivius Maerinus, einen Anhänger Severus', überbringen. Die Antwort: Severus ließ den Boten töten. Er selbst verfügte über sehr viel wirkungsvollere »Unterhändler«. So ließ er verbreiten, zwar könne er Pertinax' Ermordung nicht ungerächt lassen, dennoch wolle er den Prätorianern Straffreiheit gewähren, wenn man die eigentlichen Verantwortlichen für die Tat, die Rädelsführer, ausliefere. Dies raubte Julianus den letzten Rückhalt. Der Senat verhielt sich wie immer patriotisch. Er verurteilte Julianus zum Tode, erhob Severus zum Kaiser und erklärte, wohl im Gefühl, selbst auf seiten der himmlischen Heerscharen zu stehen, Pertinax zum Gott.

Als die Soldaten kamen, um Julianus den Tod zu geben, befand dieser sich im Palast. Es war der 66. Tag seiner Regierung. Die Soldaten wollten zuschlagen. Julianus fragte: »Aber was habe ich getan? Wen habe ich getötet?« Natürlich lautet die Antwort der Geschichte: niemanden. Wenigstens keine Senatoren. Nur ein paar Menschen.

4.2 Septimius Severus

Als Septimius Severus sich Rom näherte, schickte ihm der Senat eine Delegation von hundert Senatoren entgegen. Sie sollten ihn willkommen heißen, sich aber gleichzeitig auch vergewissern, wie der neue Kaiser zu regieren beabsichtigte. Septimius ließ sie nicht lange im ungewissen. Noch bevor sie irgendeine ihrer wohlgesetzten Reden halten konnten, ließ er sie von seiner Leibgarde umstellen und nach Waffen durchsuchen. Und nach ihren Reden hatte er eine neue ausgesuchte Demütigung für sie: Er entließ sie alle mit einem ansehnlichen Barbetrag. Diese Episode ist höchst bezeichnend. Septimius' gesamte Staatskunst stützte sich auf zwei Dinge: Soldaten und Geld. Er war ein erfolgreicher Politiker. Der Provinzler aus Leptis Magna hatte haargenau erfaßt, worauf es in Rom ankam.

Andere Kaiser hatten aus ihrer Verachtung für den Senat keinen Hehl gemacht. Septimius' nächster Schritt war etwas noch nie Dagewesenes. Es änderte die Geschichte des Römerreichs.

Er rief die Prätorianergarde zusammen, jenen Kader von Männern, die es gewohnt waren, Kaiser zu erheben und zu stürzen. Er befahl ihnen, sich ohne Waffen außerhalb Roms auf ihrem Exerzierplatz zu versammeln. Und ebenso wie zuvor die Senatoren, ließ er nun sie von seinen harten Männern umstellen. So standen sie dort, voller Angst, in der nächsten Minute in Stücke gehauen zu werden, und Septimius las ihnen nach Kräften die Leviten. Er beschuldigte sie der Pflichtverletzung. Ihre Aufgabe sei es gewesen, den Kaiser zu schützen. Pertinax sei getötet worden. Wenn wir den Historikern glauben dürfen, waren die Prätorianer, von denen jeder wußte, daß allein sie für den Mord verantwortlich waren, zutiefst betroffen. Septimius befahl, ihnen ihre Ehrenzeichen abzureißen, und verbannte sie aus Rom.

Kaum zu glauben – es war eine bewegende Szene. Die Männer, denen man hatte das Reich abfeilschen müssen, brachen vor Septimius' unerbittlichen Schwertern in Tränen aus. Noch größere Erschütterung rief es hervor, als Septimius ihnen ihre Pferde fortnahm. Eines der Tiere weigerte sich, seinen Herrn zu verlassen. Es folgte ihm wie ein Hund, bis er sein Schwert zog und erst das Pferd, dann sich selbst tötete.

Dieser unerwartete Zwischenfall muß nach Septimius' Geschmack gewesen sein, denn er begriff gut, wie sehr es in Rom auf Dramatik ankam. Er ordnete auch sofort zwei außerordentlich theatralische Schaustellungen an. Beide verdienen eingehendere Betrachtung, werfen sie doch helles Licht auf den Charakter seiner Untertanen. Außerdem erklären sie, warum die Römer einst die Tollheiten eines Commodus gelassen hinnahmen.

Septimius zog bis an die Zähne bewaffnet und von Bewaffneten umgeben vor die Tore Roms, doch dort angekommen, stieg er vom Pferd, legte Zivilkleidung an und betrat die Stadt zu Fuß. Die Bürger dankten es ihm. Es gab Jubelrufe und Freudenlieder. Leute hoben sich gegenseitig hoch, um den neuen Helden zu sehen (und das war auch nötig, denn er kam ja zu Fuß), und sie applaudierten den Soldaten, die ihm folgten. Diese freilich waren noch immer bis an die Zähne bewaffnet.

Das Theater ging weiter, als Septimius sich dem Senat vorstellte. Er bedauerte die Willkür, mit der seine Vorgänger Mitglieder dieses Hohen Hauses hatten niedermetzeln lassen. Einen Senator, Julius Solon, wies er an, einen Erlaß zu entwerfen, wonach kein Kaiser, aus welchen Gründen auch immer, einen Senator ohne Zustimmung des Senats töten lassen dürfe. Ganz kurz darauf befahl er, Julius Solon zu ermorden. Später ließ er dann noch weitere 25 Senatoren umbringen.

Im ersten Monat seiner Regierung spielte Septimius die Rolle eines Rächers für Pertinax. Auch sie galt es stilvoll zu dramatisieren. Zuerst befahl er, Pertinax' Namen am Ende eines jeden Gebetes einzufügen. Dies war nur der erste Akt. Der zweite: Rings um den Circus mußte eine goldene Statue des Kaisers gefahren werden, und zwar auf einem von Elefanten gezogenen Wagen. Dies war ein gelungener Wurf: Über Pertinax waren die Römer geteilter Ansicht, aber Elefanten kamen immer an. Schon der große Julius Caesar hatte bei Prozessionen gern Elefanten in seiner Nähe, die Fackeln trugen.

Dann Pertinax' Bestattung! Auf dem Forum Romanum wurde eine Plattform errichtet. Auf ihr ein Schrein, doch nach allen Seiten hin offen. Säulen aus Gold und Elfenbein trugen das Dach. Unter diesem Baldachin die Bahre mit einer wächsernen Nachbildung des Toten. Ein Knabe von ausgesuchter Schönheit verscheuchte mit einem Wedel aus Pfauenfedern die Fliegen. Dann der feierliche Zug sämtlicher Notabeln der Stadt und Statuen toter Berühmtheiten; Fußsoldaten, Reiterei und ein mit Juwelen übersäter goldener Altar. Septimius hielt eine Lobrede, und die Menge – darunter auch die Senatoren – fiel mit zustimmenden Rufen ein. »Doch«, so bemerkt der Historiker Cassius Dio ein wenig doppelsinnig, »am lautesten riefen wir, als er aufhörte.« Alle warteten auf das Schauspiel.

Es war vorbereitet. Die Bahre wurde auf das Marsfeld getragen. Die Bürger weinten, schlugen ihre Brust oder spielten auf der Flöte Klagelieder. Septimius Severus folgte bescheiden als letzter. Auf dem Marsfeld war ein Holzstoß errichtet, ein regelrechter Turm, mit Gold und Statuen geschmückt. Oben stand, ergreifend genug, Pertinax' Lieblingswagen. Die Bahre wurde hineingestellt. Severus bedeckte das wächserne Bildnis des Toten mit ehrfurchtsvollen Abschiedsküssen. Dann nahmen alle Anwesenden ihre Sitze auf Holzrängen ein, um einem militärischen Zeremoniell zuzuschauen. Es fand rings um den Scheiterhaufen statt und bestand aus einer Vorführung komplizierter Reitermanöver sowie taktischer Schwenkungen der Fußtruppen. Schließlich legten die Konsuln Feuer an den Holzstoß, und zuallerletzt flog ein Adler, wohl vor Rauch und Hitze völlig außer sich, aus dem obersten »Stockwerk« des brennenden Holz-»Turms« davon – Symbol der Seele des der Unsterblichkeit zustrebenden Pertinax. Für die Römer war dies genauso unterhaltsam wie einst Commodus' Darbietungen, nur viel würdiger.

Als der Mummenschanz vorüber war, begann Septimius auf seine Art zu regieren. Mit einem Federstrich beseitigte der Mann aus

Leptis Magna eines der am eifersüchtigsten gehüteten Vorrechte Roms. Damit sicherte er sich seinen Platz in der Geschichte als jener Kaiser, mit dem Roms Niedergang und Sturz begann. Bis zu seiner Regierung hatte die Prätorianergarde stets nur aus Römern bestanden – oder aus Bewohnern durch und durch romanisierter Provinzen wie Spanien, Makedonien und Noricum (einer Alpenprovinz, heute etwa Österreich). Septimius machte dem ein Ende. Er öffnete jedem guten Soldaten, selbst wenn er ein ganz und gar ungeschliffener Barbar war (und dies sind oft die besten Soldaten!) den Zugang zur Garde. Der Dienst unter den Prätorianern wurde zur Belohnung für militärische Leistungen im Felde. Septimius erhöhte den Sold und erlaubte den neuen Gardisten, goldene Ringe zu tragen und sogar mit ihren Frauen zusammenzuleben. Er vervierfachte ihre Zahl. Mit dieser Schar ihm treu ergebener Soldaten hoffte er zu regieren. Sie waren auf ihn, nicht auf Rom vereidigt. Sie bildeten die Elite des Heeres, doch weder in ihrer Lebensweise noch in ihrem Denken waren sie Römer, und sie fühlten sich auch Rom nicht verpflichtet. Wenn schon der Kaiser mit provinziellem Akzent Latein sprach, so beherrschten sie diese Sprache kaum mehr und konnten sich zum Teil auf den Straßen Roms überhaupt nicht verständlich machen.

Mit ihrem Auftreten, ihrer harten Sprechweise und ihrer Weigerung, sich einzugliedern, zu integrieren, sich in Rom wie Römer zu verhalten, verunsicherten sie die Bürger. Mit einem Federstrich hatte Septimius die Herren der Welt auf das Niveau der von ihnen unterworfenen Völkerschaften herabgezogen. Septimius' Sohn sollte dieses Werk seines Vaters konsequent weiterführen. Jeder Freie im ganzen Reich erhielt unter ihm das einst so stolze Vorrecht, römischer Bürger zu sein. So hatte Septimius eine Tradition, an der man hing, mit Stumpf und Stiel ausgerottet. Doch damit nicht genug. Auch mit einer anderen Tradition brach er ein für allemal. In den Tagen der römischen Republik, vor Augustus' Machtergreifung, hatte der Senat Verehrung genossen, hatte er noch etwas gegolten. Unter den ersten Kaisern nahmen seine Mitglieder eine servile Haltung ein, teils aus Furcht um Kopf und Kragen, teils aber auch aus dem Gefühl, daß das Kaisertum den Staat immerhin vor innerer Selbstzerfleischung bewahrte. Die Kaiser brachten Frieden. Kriege spielten sich weit draußen an den Reichsgrenzen ab, aber es gab keine Straßenkämpfe in Rom. Dafür mußte ein Preis gezahlt werden, und zwar immer dann, wenn einer von ihnen durch kaiserlichen Befehl gezwungen wurde, sich im Bad die Pulsadern aufzuschneiden, sich in sein Schwert zu stürzen oder sein Haupt unter das Schwert eines Soldaten zu beugen. Aber es konnte auch anders kommen. Man konnte vom Kaiser zum Statthalter einer Provinz ernannt werden, und der Kaiser drückte ein Auge zu, wenn man diese schamlos ausplünderte und den Gewinn selbst einstrich. Die Kaiser waren Tyrannen, aber Tyrannen können sich – dies war damals nicht anders als heute – nur halten, weil es Leute gibt, die sich an ihnen bereichern.

In Wirklichkeit hatte der Senat nicht mehr zu sagen als heute das britische Königshaus. Doch ebenso wie der britische Monarch noch immer an der Fiktion festhält, er sei es, der den Premierminister ernennt, so hielten auch die Kaiser die Vorstellung am Leben, nach wie vor regiere der Senat Rom wie einst in den Tagen republikanischer Freiheit. Sie begegneten ihm mit Respekt. Sie konsultierten ihn in Fragen, die sie für sich längst entschieden hatten. Sie unterwarfen sich zum Schein in aller Bescheidenheit dem Gesetz, wonach nur der Senat die Kaiserwürde verleihen konnte, selbst wenn dies bedeutete, daß das Senatsgebäude mit Truppen umstellt werden mußte, um einen entsprechenden Senatsbeschluß zu erzwingen.

Senat und Kaiser hielten an dieser Fiktion fest, weil sie einen Aberglauben nährte, der zutiefst in jedem echten Römer verwurzelt war: etwas Besonderes zu sein, weil man Römer war. Wie sehr einer auch jeder Schwäche nachgeben mochte, tief im Innern war er dennoch überzeugt, jene Disziplin, Standhaftigkeit und jenen Mut zu besitzen, durch die einst Rom, eine unbedeutende Stadt an einem schlammigen Fluß, zur Herrin über Italien und schließlich über die gesamte »Westliche Welt« emporgestiegen war. Bisweilen fand dieses Gefühl eruptiven Ausdruck, und zwar immer dann, wenn Kaiser Gesetze erließen, die Rom zur alten Strenge der Vorfahren zurückführen sollten. Luxus und Verschwendung wurden verboten, Ehe- und Familiengesetze erlassen, die Kultbräuche der angestammten Religion gepriesen und gefördert, exotische Religionen, die der römischen Überlieferung widersprachen, wurden abgeschafft. Die Römer bewunderten diese Maßnahmen. Sie machten keinerlei Versuch, sich ihnen zu widersetzen, denn dies war gar nicht nötig.

Niemand dachte auch nur im Traum daran, sich an derartige Gesetze zu halten.

Unerwarteterweise symbolisierte der Senat dies alles. Septimius Severus war anfangs peinlich darauf bedacht, die Tradition zu wahren. Doch er war ein Fremder, der erste Fremde auf dem Kaiserthron. Roms Selbsttäuschung kümmerte ihn wenig. Einmal im Vollbesitz der Macht und von seinen nichtrömischen Gardisten umgeben, ließ er die Maske fallen. Er zeigte dem Senat jene Verachtung, die dieser ohne Zweifel auch verdiente. Er dezimierte den Senat, reduzierte ihn auf ein Häuflein kriecherischer Schmeichler, eine bezahlte Claque, die zu allem applaudierte, was er tat. Sein früheres Ansehen erlangte der Senat nie mehr zurück.

Septimius blieb einen Monat in Rom. Er fühlte sich so sicher, daß er schon nach so kurzer Zeit aufbrach, um seinen Rivalen Niger zu schlagen. Er fand ihn, besiegte und enthauptete ihn und bestrafte die Städte, die ihn unvorsichtigerweise unterstützt hatten. Zur Buße mußten sie die vierfache Summe dessen zahlen, was sie für Niger aufgebracht hatten. Als nächster kam Albinus an die Reihe. Sobald er merkte, daß Septimius nicht die Absicht hatte, die Herrschaft, wie versprochen, mit ihm zu teilen, ließ er sich durch seine Truppen selbst zum Kaiser ausrufen. Septimius griff ihn an. Es kam zu einer erbitterten Schlacht. Zeitweise befand Septimius sich in Lebensgefahr, doch schließlich trug er den Sieg davon.

Albinus beging Selbstmord, und Septimius ließ seine Leiche in die Rhône werfen, nur den Kopf schickte er nach Rom. Hier wurde er öffentlich zur Schau gestellt: eine Warnung für jeden, der an Opposition dachte.

Septimius übte eine gute Herrschaft aus, regierte aber ohne Begeisterung. Nachdem er einmal die Macht gewonnen und den Senat gedemütigt hatte, empfand er es als Last, unangefochten Herr der Welt zu sein. Dennoch leistete er all die so lange vernachlässigte Kleinarbeit. Er brachte die Staatsfinanzen wieder in Ordnung und achtete darauf, daß die Getreidemagazine stets voll waren. Vor allem stellte er das Ansehen der Gerichtshöfe wieder her, vor denen reich und arm nun die gleiche Behandlung erfuhr. Er war stolz darauf, dem Imperium Frieden gebracht zu haben. Nur die Caledonier im fernen Britannien blieben aufsässig. Alles in allem schien er ein Mann ohne Schwäche, doch dies war er keineswegs. Sein schlimmstes Laster war seine Schwäche für seine Söhne. Sie hatte verheerende Folgen für das gesamte Reich.

Nach dem Tod seiner ersten Frau ging er mit wissenschaftlicher Akribie auf die Suche nach einer neuen Ehegefährtin. Damals gab man ebenso viel auf Astrologie wie heute. So erforschte er die Horoskope aller erdenklichen Kandidatinnen und landete bei einer syrischen Priesterstochter namens Julia Domna. Julia Domna war schön, hatte Geist und liebte es, mit Philosophen zu diskutieren. Sie war eine ausgezeichnete Mutter. Bis hierher scheint es fast, als ob die Sterne die Wahrheit gesagt hätten. Julia Domna und Severus hatten zwei Söhne: Aurelius Antoninus, der unter seinem Beinamen Caracalla bekannt wurde, und Geta.

Ihr vernarrter Vater und ihre zielbewußte Mutter (beide, man beachte, keine Römer!) ließen ihnen die sorgfältigste Erziehung angedeihen. Solange Caracalla und Geta Kinder waren, fanden sie sich mit ihren strengen Lehrmeistern ab, doch sobald sie dem Kindesalter entwachsen waren, stürzten sie sich mit Vehemenz in all die Vergnügungen, die Rom zwei Kaisersöhnen zu bieten hatte. Zwei Brüdern, die über alles Geld der Welt verfügten und sich die Hörner abstießen, konnte man vergeben. In der Tat hätte ihre »Sturm- und Drangperiode« für die Öffentlichkeit ein eher unterhaltsames Schauspiel abgeben können. Der Kummer war nur, daß beide sich bis aufs Blut haßten. Was immer der eine tat – der andere wollte ihn übertreffen, ob es nun um Wagenrennen ging oder darum, Mädchen und Knaben zu verführen. Die Römer ergriffen Partei wie bei einem Schauspiel im Zirkus. Doch die Auseinandersetzung war sehr viel ernster. Einige sollten dies sehr bitter zu spüren bekommen.

Über Getas Charakter wissen wir nicht viel. Caracallas Charakter war dermaßen schlecht, daß Geta alles Wohlwollen der Historiker erntete. Geta wurde das Unschuldslamm, das seinem Bruder zum Opfer fiel. Doch Geta war bei den Soldaten beliebt, was keineswegs das beste Licht auf ihn wirft. Caracalla zeigte sehr bald, aus welchem Holz er geschnitzt war. Septimius Severus ernannte einen Günstling namens Plautianus zum Präfekten der Prätorianergarde. Da Septimius' Herrschaft auf den Schultern der Soldaten ruhte, erlangte Plautianus bald Einfluß und Reichtum. Septimius gab ihm ein Amt nach dem anderen und unterstellte ihm schließlich als Krönung des Ganzen die gesamte Justiz in allen von der Hauptstadt mehr als hundert Meilen entfernten Reichsgebieten. Es war üblich, daß dieses Amt an den Präfekten fiel. Neu war jedoch, wie Plautianus es zur Schau trug. Für die Hochzeit seiner Tochter ließ er hundert Knaben und Männer (darunter Männer von Rang und Familienväter) kastrieren, um seiner Tochter ein eindrucksvolles Gefolge von Eunuchen zu geben. Plautianus konnte sich dennoch relativ sicher fühlen, denn Septimius liebte ihn und ließ ihn gewähren. »Ich liebe«, so sprach er, »diesen Mann so sehr, daß ich wünsche, ich könnte vor ihm sterben.«

Plautianus arrangierte es, daß seine Tochter Caracalla heiratete. Er versprach sich davon eine Stärkung seiner Position, aber es wurde keine gute Ehe. So etwas kommt vor, aber Caracalla war kein Mann wie alle anderen. Er schob alles seinem Schwiegervater in die Schuhe und war entschlossen, es ihm heimzuzahlen. So erzählte er seinem Vater, Plautianus habe sich gegen ihn verschworen. Septimius Severus rief den Mann, den er so sehr liebte, zu sich. Caracalla war dabei. Kaum hatte Plautianus Zeit, die Anschuldigung zurückzuweisen, stürzte Caracalla sich mit gezücktem Dolch auf ihn und versuchte, ihn eigenhändig niederzustechen. Septimius fiel ihm in den Arm. Er befahl einem Soldaten, Plautianus hinzurichten.

Die Rivalität zwischen dem jungen Rohling und seinem bei der Truppe beliebteren Bruder teilte nun Rom in zwei Hälften. Septimius überhäufte beide Söhne gleichmäßig mit Ehren. Ja, er ging soweit, beide ihm selbst im Rang gleichzusetzen. So wurde – zumindest dem Namen nach – Rom gleichzeitig von drei Kaisern regiert. So handelte ein Mann, der sein ganzes Leben nicht aufhörte, Mark Aurel vorzuwerfen, daß dieser in seiner väterlichen Vernarrtheit seinen Sohn Commodus zum Erben eingesetzt hatte! Septimius hoffte, Krieg werde seine beiden Söhne zu Männern machen, Waffenbrüderschaft werde sie vielleicht einander näherbringen. Noch immer waren die Caledonier im Norden Britanniens unruhig, die Armee brach daher auf, sie niederzukämpfen. Septimius war nun über 60 Jahre alt – ein von Gicht geplagter alter Mann, der oft vor Schmerzen nicht mehr laufen konnte. Daher trug man ihn in einer Sänfte quer durch Europa nach Norden.

Caracalla wurde ungeduldig. Er war im Besitz aller Machttitel. Dem Namen nach war er bereits Kaiser. Nur noch sein Vater stand zwischen seiner tatsächlichen Herrschaft und ihm. So entschloß er sich zum Vatermord. Eines Tages saß Septimius trotz seiner Gicht zu Pferde. Caracalla ritt hinter ihm. Plötzlich zog er seinen Dolch und stach von hinten auf seinen Vater ein. Doch der Dolchstoß wurde rechtzeitig bemerkt, und einer aus dem Gefolge wehrte ihn ab. Septimius wuchs über sich hinaus – schwer zu sagen allerdings, ob als Imperator, den nichts erschütterte, oder als total vernarrter Vater. Er ließ Caracalla vor sich hintreten. Alle Höflinge umstanden die Szene. Noch lag Caracallas Dolch auf dem Boden. Septimius forderte seinen Sohn auf, die Waffe aufzuheben und ihn auf der Stelle umzubringen. Wolle er dies aber nicht selbst tun, solle er einen der Umstehenden das Werk vollenden lassen. Dies war aber gar nicht nötig, denn Septimius Severus starb kurz darauf, noch immer auf britischem Boden. Vor seinem Ende rief er beide Söhne zu sich. Er beschwor sie, sich zu vertragen – ein Gemeinplatz sterbender Väter. Doch sein nächster Ratschlag erscheint in seinem unverblümten, illusionslosen Pragmatismus zeitlos: »Macht die Soldaten reich«, sagte er, »und seht über alle anderen hinweg.«

Geta und Caracalla wurden der Form nach als gemeinsame Regenten eingesetzt. Die Vorliebe der Soldaten für Geta wurde durch Caracallas größeres Alter aufgewogen. Mehr noch: Septimius war sich darüber völlig im klaren – beide mußten mit gleicher Macht ausgestattet sein. So hinterließ er sein Reich zwei Brüdern, die einander bis aufs Blut haßten.

Julia Domna (die gleichfalls aus dem Osten stammte) bemühte sich ihrerseits um Frieden zwischen ihren Söhnen. Sie bestellte beide zu sich. Geta stimmte zu, desgleichen Caracalla. Doch Caracalla versteckte Soldaten bei ihrem Gemach. Auf ein bestimmtes Signal hin brachen sie hervor. Einer von ihnen traf Geta. Mit dem Schrei »Mutter, hilf mir, sie bringen mich um!« rannte Geta zu Julia. Doch die Soldaten hieben weiter auf ihn ein und verwundeten sogar Julia an der Hand. Geta starb an ihrer Brust, Julia war von seinem Blut überströmt. Caracalla nahm selbst an der Mordtat teil (jedenfalls behauptete er es später voller Stolz). Sein Mörderschwert weihte er dem Serapistempel in Alexandrien.

Danach richtete Caracalla unter Getas Freunden ein Blutbad an. Jeder, so befahl er, der irgendwie mit Geta verbunden gewesen war, sei mitsamt seiner Familie des Todes. Niemand durfte um Geta trauern. Wer sich dem widersetzte, ja, wer nur seinen Namen erwähnte, wurde abgeschlachtet. Sogar Julia mußte sich glücklich und zufrieden stellen, um ihr Leben und das ihrer Dienerinnen zu retten. Es war eine blutige Rache, doch die Geschichte hat sich, wenn auch sehr viel subtiler, dennoch ihrerseits gerächt. In sämtlichen Inschriften überall im Reich wurde Getas Name gelöscht und durch andere Namen ersetzt. Eine dieser Inschriften befindet sich an dem von Septimius Severus errichteten Bogen auf dem Forum Romanum. Auch hier wurde Getas Name entfernt und durch andere Bronzelettern ersetzt, die man auf dem Marmor anbrachte. Der Bogen steht noch aufrecht, aber die Buchstaben sind herausgefallen. Deutlich sichtbar blieben nur die Vertiefungen von Getas Namen zurück ...

4.3 Caracalla

Septimius Severus' Sohn Aurelius Antoninus wurde »Caracalla« genannt, weil er sehr gern einen Umhang trug, den man so bezeichnete. Ich weiß nicht, ob dieser Spitzname die Römer daran erinnerte, daß einst Caligula nach jenem »Stiefelchen« benannt worden war, das er als Kind trug: Möglich ist es, beide litten jedenfalls am gleichen mörderischen Wahn.

Obwohl Septimius Severus die Staatskasse wohlgefüllt zurückgelassen hatte, war Caracalla bald in Geldnot – teils wegen seiner eigenen Ausgaben, teils wegen seiner verschwenderischen Geldgeschenke, schließlich aber auch wegen so aufwendiger Bauvorhaben wie jener Bäder in Rom, die zwar von seinem Vater begonnen wurden, aber bis auf den heutigen Tag Caracallas Namen tragen.

Er ließ keinerlei Zweifel daran, wie er selbst über das Problem dachte. »Ich möchte nicht«, so sagte er, »daß jemand außer mir Geld hat, und ich möchte es meinen Soldaten geben.« Ein Satz, der Beachtung fordert. Man erkennt noch Severus' weisen, wenn auch zynischen Rat wieder – nur hier als Äußerung eines Wahnsinnigen.

Es hatte sich eingebürgert, daß die Kaiser das Vermögen derer einzogen, die im Verdacht staatsfeindlicher Umtriebe standen. Caracalla entdeckte hier eine ganz neue Perspektive. Er ließ nun auch das Vermögen von Bürgern einziehen, auf die nicht der mindeste Verdacht fiel. Und zwar suchte er sich die aus, die ihn nicht anbettelten. »Es ist klar«, so folgerte er wohl, »ihr bittet mich um nichts, also habt ihr kein Vertrauen zu mir, ihr mißtraut mir also. Wenn ihr mir aber mißtraut, so fürchtet ihr mich, und fürchtet ihr mich, so haßt ihr mich auch« – jene aberwitzige Logik, an der Lewis Carroll so viel Gefallen fand, und die Folgerung war stets: »Kopf ab«. Caracalla blieb nicht lange in Rom. Er bereiste die Provinzen, besonders die im Osten gelegenen, die reiche Beute versprachen. Er ruinierte Besitzende nicht nur, um ihr Geld in seine eigene Tasche zu stecken, sondern um des puren Vergnügens willen, sie bankrott zu sehen. Bevor er auftauchte, befahl er, für ihn und seinen Hof Prachtunterkünfte zu bauen. Die vor Angst zitternden Untertanen beeilten sich, der Anordnung nachzukommen, und brachten Riesensummen auf, um das Wohlwollen des Kaisers zu erwerben. Doch war der Bau fertig, weigerte Caracalla sich, einzuziehen. Manchmal sah er sich ihn nicht einmal an.

Weiter war er darauf verfallen, gewaltige öffentliche Bauvorhaben anzuordnen. Das verschaffte ihm Beliebtheit beim ärmeren Volk. Dann freilich befahl er einem reichen Senator, die Kosten zu übernehmen. All dies aber war nur eine Art Sport. Nebenher fanden weiterhin Ächtungen, Hinrichtungen und die Konfiskation des Vermögens Wohlhabender für Caracallas Eigengebrauch statt. Die Soldaten mußten ja bei Laune gehalten werden.

Caracalla empfand tiefe Bewunderung für Alexander den Großen und hörte es gern, wenn man sagte, er sei ihm ähnlich. Um sich diesen Genuß zu verschaffen, soll er eine Medaille bei sich getragen haben. Sie zeigte auf der einen Seite seinen eigenen Kopf, auf der anderen jedoch eine auf Alexander hin stilisierte Abbildung seiner Züge. Bezeichnend für seinen Wahn ist allerdings, daß er sich zwar einerseits mit dem Makedonierkönig identifizierte, es andererseits aber liebte, sich als ganz gewöhnlicher Soldat zu geben. Er kleidete sich wie ein Legionär, verrichtete ganz gewöhnliche Legionärsarbeit und hatte größtes Vergnügen daran. Dies wiederum erheiterte Alexandrien, jene Stadt, wo der Makedonierkönig in einem Grabmal aus Bergkristall ruhte, das Septimius Severus verschlossen hatte, so daß niemand nach ihm die Züge des berühmten Mannes sehen konnte. Die Alexandriner waren für ihren Witz bekannt, und sie ließen ihm freien Lauf.

Dies war sehr unklug. Caracalla wurde von schweren Schuldgefühlen geplagt. Unablässig fühlte er sich im Traum von seinem Vater und seinem Bruder mit dem Schwert verfolgt. Manchmal verfiel er, von einem solchen Alptraum erwacht, in Tobsuchtsanfälle, und von Zeit zu Zeit wurden seine Störungen zum echten Wahnsinn. Die Alexandriner sollten für ihren Spott bitter büßen. Caracalla rückte mit seinen Soldaten in die Stadt ein. Quartier nahm er im Serapistempel, dem Hauptheiligtum der Stadt, wo als Weihegabe jenes Schwert vor dem Altar lag, mit dem er, wie er behauptete, Geta niedergestochen hatte. Dann befahl er, alles niederzumachen. Die Einwohner hatten in ihren Häusern zu bleiben, während die Soldaten Straßen und Dächer besetzten. Dann begann das Blutbad. Caracalla selbst ging durch die Stadt, um das Schauspiel zu genießen. Ausnahmen ließ er nicht zu. Jeder und alles wurde niedergehauen, die Leichen warf man in tiefe Gräben und verbrannte sie. Einige Opfer des Massakers warf man noch lebend ins Feuer. Caracalla berichtete voller Stolz darüber dem Senat und fügte hinzu, er wisse nicht, wie viele umgekommen seien, aber das spiele auch keine Rolle. Seine Strafexpedition krönte er mit einem glorreichen Einfall. Er war fest entschlossen: Die mit ihrem Humor so verschwenderischen Alexandriner sollten, soweit sie das Massaker überlebt hatten, auch künftig nichts mehr zu lachen haben. So verbot er alle Spiele und sämtliche Schaustellungen, die einst bei den Alexandrinern Begeisterung hervorgerufen hatten. Außerdem galten Alexandriens Bewohner als besonders kontaktfreudig. Caracalla ließ daher mitten durch die Stadt eine Mauer bauen. Sie war gut bewacht, ähnlich wie heute die Berliner Mauer, und Bewohner beider Stadthälften konnten einander nicht mehr besuchen – zum Glück allerdings nicht für lange.

Als Caracalla in Syrien war, verkündete ein Wahrsager leichtsinnigerweise, eines Tages werde der Prätorianerpräfekt Macrinus Kaiser sein. Sofort schickte man den Mann in Ketten nach Rom. Hier wurde er vom Stadtpräfekten vernommen, und dieser ermittelte: Der Seher meine, Macrinus werde *nach* Caracalla regieren. Der Präfekt sandte dem Kaiser ein entsprechendes Schreiben. Macrinus wurde gewarnt: Unheil braue sich zusammen. Die folgenden Ereignisse zeigen, wie sehr man die Regierungsgeschäfte auf die leichte Schulter nahm. Die Depeschen wurden Caracalla überreicht, doch der sah gerade einem Wagenrennen zu und gab sie an Macrinus weiter. Der Prätorianerpräfekt las die Botschaften, und ihm wurde klar: er befand sich in höchster Lebensgefahr. Daher beschloß er, seinen eigenen Tod vor Augen, den ersten Schlag zu führen. Er gewann einen unzufriedenen Soldaten namens Martial dafür, den Kaiser umzubringen. Gelegenheit dafür ergab sich auf der Reise zu einem berühmten Heiligtum. Caracalla entfernte sich von seiner Begleitung, um ein Bedürfnis zu verrichten. Martial schützte eine dringende Botschaft vor, ging ihm nach und durchbohrte ihn. Ihn selbst traf auf der Stelle der Pfeil eines Gardisten. Die Prätorianergarde hielt es für ihre heiligste Pflicht, sofort den neuen Kaiser zu wählen. Eine Weile ging die Diskussion hin und her. Macrinus war dermaßen von Trauer überwältigt, daß niemand ihn verdächtigte. Man wählte ihn zum Kaiser, weil er die höchsten Schmiergelder versprach.

4.4 Elagabal

Macrinus war der erste Kaiser, der nicht aus dem Senatorenstand hervorgegangen war. Dies erschwert seine Beurteilung, denn der Snobismus der antiken Historiker verunklärt sein Bild. Sie alle waren Aristokraten – oder taten wenigstens so. Je mehr der Senat an Macht verlor, desto mehr war jeder Senator auf Prestige bedacht – eine weitverbreitete Erscheinung in jeder untergehenden Adelsgesellschaft. Macrinus war wohl ein entschlossener Mann, ein nicht allzu begüterter Truppenkommandeur und Geizhals. Zwar zahlte er weiterhin den extrem hohen Sold Caracallas, doch bei neuangeworbenen Rekruten senkte er das Besoldungsniveau auf das der Zeit Septimius Severus' herab. So zahlte und unterbot er gleichzeitig, und im geeigneten Moment, als es schlecht um ihn stand (er hatte eine Schlacht verloren), ließ man ihn im Stich. Er regierte nur ein Jahr.

Macrinus gehört nicht eigentlich in meine Geschichte, die erst nach ihm ihren grotesken und – vielleicht – heiteren Höhepunkt erreichte. Sie begann in Syrien. Wir folgten den Phönikiern nach Nordafrika, nach Leptis Magna. Dann folgten wir dem Mann aus Leptis Magna, sahen seinen Aufstieg zum Kaisertum, sahen, wie er die Streitkräfte mit Nichtrömern durchsetzte, wie er eine Frau aus Syrien heiratete, die Caracallas Mutter wurde. Julia Domna, die Syrerin, gab vor, daß ihr die Ermordung ihres zweiten Sohnes ebenso nahe ginge wie die ihres ersten. Vielleicht beging sie Selbstmord, vielleicht starb sie an Krebs, an dem sie schon eine Weile litt. Julia Domna war eine begabte, geistig sehr rege Frau. Nicht minder begabt war ihre Schwester, Julia Maesa, allerdings eher als Praktikerin und Intrigantin. Maesa hatte zwei Töchter: Soaemias und Mamaea, und jede dieser beiden hatte einen Sohn. Diesem Quintett war zugedacht, seine Tage in Emesa (Homs am Orontes [heute Asi Nehri] in Syrien) zu verbringen.

Emesa, das heutige Homs, war eine kleine Provinzstadt, und hier, so meinte man wohl, könne die kleine Gruppe kaiserlicher Familienangehöriger nicht allzuviel Schaden anrichten. Doch die Großmutter, Julia Maesa, besaß ein ansehnliches Vermögen. Außerdem hatte sie einen Enkel von ausgesuchter Schönheit: das Kind ihrer Tochter Soaemias. Mit 15 Jahren wurde dieser Jüngling Hoherpriester des Stadtgottes von Emesa. Man verehrte in diesem Gott die Sonne, doch Kultobjekt war ein schwarzer, konischer Stein. Wir haben gesehen: Nichts bedeutete den Menschen aus jener Gegend so viel wie die Religion. Und mit geradezu grenzenloser Hingabe verehrte man auch jenen schwarzen, konischen Stein: Elagabal. Sein junger Oberpriester, Varius Avitus, ließ sich sogar selbst mit dem Namen seines Gottes anreden – und unter eben diesem Namen ging er in die Geschichte ein.

Trotz all der Verbrechen, die andere römische Kaiser begingen, haben sich die Historiker stets gerade bei Elagabal besonders schokkiert gezeigt. Doch immerhin sollten wir in der zweiten Hälfte dc 20. Jahrhunderts etwas mehr Verständnis und Fairneß für diesen Herrscher Roms aufbringen. Was seinen Körperbau angeht, so war Elagabal eindeutig männlich. Bei einem seiner kultischen Rituale hatte er sich selbst beschnitten (nicht kastriert, wie etwa ein ekstatischer Isisverehrer!). Andererseits fühlte er sich als Frau. Er trug Frauenkleider, ging wie eine Frau, legte Make-up auf wie eine Frau. Und dies alles mit vollem Ernst! Einmal, als jemand ihn mit »Herr« ansprach, ging er, die Hüften schwenkend, ein paar Schritte, stellte sich in Positur und erwiderte: »Du solltest lieber ›Herrin‹ zu mir sagen.« Wir fühlen uns nicht schockiert, aber immerhin war er damals Herrscher des römischen Weltreiches.

Gewiß machte ein solcher Jüngling, bizarr herausgeputzt, als Priester eine phantastische Figur, insbesondere wenn er vor einem Altar tanzte. Gewiß lockte er Scharen römischer Legionäre an, die das Schauspiel mit Verwirrung und Faszination betrachteten. Ohne Zweifel lag dies auch an jener Anziehungskraft, die zierliche, zerbrechliche junge Menschen auf kampferprobte Haudegen ausüben. Doch es hatte auch einen tieferen Grund: Die römischen Legionäre zollten der Staatsreligion nur mehr ein Lippenbekenntnis. Sie waren beständig auf der Suche nach etwas Geheimnisvollerem als Taubenopfern oder Abbrennen von Weihrauch für tote Imperatoren. Die vieldeutigen Isisriten, die Stierblutschauer, die Mithras' Anhänger von Sünden reinigten – alle diese Kulte griffen rasch um sich. Dieser Jüngling verhieß neue Mysterien, und er war Mitglied des Kaiserhauses.

Die Großmutter des jungen Mannes nutzte die Chance. Sie verbreitete, Elagabal sei der Sohn Caracallas und daher legitimer »Bluterbe« des Reiches – anders als der emporgekommene Pfennigfuchser Macrinus. Sie verteilte großzügig Geschenke an die Truppe. Unter dem Beifall des Heeres gelangte der junge Elagabal mit 17 Jahren auf den Kaiserthron. Die Nachricht erreichte Macrinus. Er rief die Truppen zusammen, um den Usurpator niederzuwerfen. Die Prätorianer rotteten in Rom fast alle Anhänger Elagabals aus, doch der weibische Jüngling bestieg ein Pferd, ergriff ein Schwert und setzte sich an die Spitze seines noch zaudernden Heeres. Macrinus wurde von Furcht ergriffen und floh. Man setzte ihm nach und schlug ihn nieder. Rom stand vor der bizarrsten Phase seiner Geschichte.

Die Römer hatten Kaiser mit großem Pomp in Rom einziehen sehen – in einem Triumphwagen fahrend und mit dem Siegeskranz geschmückt. Elagabal zog rückwärts ein. Es wurde zwar ein bombastischer Festzug veranstaltet, aber er galt dem Sonnengott von Emesa. Es gab auch einen Wagen, aber für den schwarzen konischen Stein. Der junge Elagabal, prachtvoll herausgeputzt in seinem Priesterornat, hielt die Zügel der Pferde, ging rückwärts und ließ seinen Gott nicht aus den Augen. Höflinge schritten hinter ihm her.

Elagabal ließ zwei Tempel bauen, einen auf dem Palatin, einen zweiten auf dem Quirinal. Dann versammelte er sämtliche Götterbilder Roms mitsamt ihren Kultsymbolen, damit sie Roms jüngster Gottheit dienten.

Seine Laufbahn als Kaiser bzw. Kaiserin Roms setzte Elagabal fort, indem er immerhin fünf Frauen in drei Jahren heiratete. Allerdings sollte man sich nicht täuschen: An den Frauen wollte er weibliches Verhalten studieren. Auch »andersherum«, als Frau, heiratete er mehrere Male. Einmal zumindest war es ihm damit sehr ernst. Es ging um einen karischen Sklaven namens Hierokles. Dieser war eine Schönheit mit hellem Blondhaar. Beim Rennen war er vor der Kaiserloge aus seinem Wagen gefallen. Sein Helm rollte davon, und Elagabal verliebte sich Hals über Kopf in den jungen Mann. Man brachte ihn sofort in den Palast, wo er sich in der Nacht als hervorragender »Ehemann« der »Kaiserin« erwies. Elagabal gab sich alle Mühe, eine überzeugende Ehe zu führen (Ehebruch eingeschlossen – das heißt: Elagabal ging auch mit anderen Männern ins Bett). Hierokles wurde dann sehr zornig und schlug ihn, worauf Elagabal im Palast und in der Stadt herumlief und voller Stolz sein blaues Auge zeigte.

Man wundert sich vielleicht, daß sich die Bürger Roms nicht voller Zorn erhoben und sich diese Karikatur eines Kaisers vom Halse schafften. Es gibt zwei Gründe dafür. Erstens: Elagabal war Syrer durch und durch. Seit Septimius Severus war der Osten »groß in Mode«. Leute aus den Ostprovinzen bekleideten sämtliche Ämter. Und wenn Syrer laxe Moralbegriffe an den Tag legten, so war dies nur, was man von ihnen erwartete. Ihre »Greuel« – von den Juden so sehr verabscheut – besaßen respektables Alter. Die zweite Ursache ruhte auf einem breiteren Fundament. Seit Augustus Kaiser war, gehörten Transvestiten stets zum römischen Straßenbild. Sie flanierten unmittelbar vor dem Palast. Ihre beliebtesten Opfer waren staunende Provinzler, an die sie sich heranmachten. Sie legten sie in jeder Weise herein und luchsten ihnen den letzten Heller ab. Die Römer rümpften die Nase, fanden es aber amüsant.

Noch heute ist es wohl nicht viel anders. Geht ein unerfahrener Tourist wie einst seine Vorfahren in einer hellen Mondnacht ins Kolosseum, findet er dort gutangezogene, schwatzende Mädchen, die in den Nischen und Höhlen des alten Bauwerks Fremden auflauern. Es sind junge Männer. Auf der anderen Tiberseite liegt ein weiteres antikes Monument, die »Engelsburg«, das Grabmal Kaiser Hadrians. An freundlichen Feiertagsabenden flanieren hier Transvestiten auf und ab, stets nach der neuesten Mode gekleidet. Ehrenfeste Gatten und Gattinnen in diversen Dienst- und Geschäftswagen fahren vor, um sich die Schau nicht entgehen zu lassen. Wie die Römer zur Zeit Elagabals entrüsten sie sich, finden es aber unterhaltsam. Doch Elagabal war der Herrscher. Er hatte das Reich zu regieren. Dafür galt es, Beamte und Ratgeber auszuwählen.

Kein Machthaber hat je dafür ein narrensicheres System gefunden. Elagabal ging nach einem besonderen Auswahlprinzip vor: Er suchte sich Männer mit besonders großen Geschlechtsorganen. Daher zog eine »Prüfungskommission« durch alle öffentlichen Bäder. Jeder, der als Kandidat in Frage kam, wurde in den Palast gescheucht. Viele von ihnen bekamen Stellen. So wurde ein Wagenlenker Hauptmann der Feuerwehr – damals ein einflußreicher Posten. Lebensnerv der Hauptstadt war die Getreideversorgung. Sie wurde einem Haarkünstler unterstellt. Was immer man gegen Elagabals Auswahlsystem vorbringen kann – es war wenigstens demokratisch.

Durch Elagabal bekam das Leben im Palast einen Anflug von Weiblichkeit. Elagabal liebte Blumen. Er ließ sie überall umherstreuen, bisweilen wateten Gäste knietief darin. Oft wartete er mit Überraschungen auf. So konnte sich plötzlich die Decke öffnen, und ein Blumenschauer rieselte herab. Einmal wurde ein Gast völlig von Blumen zugeschüttet und erstickte darin.

Es gab auch Gesellschaftsspiele und Belustigungen. Besonders liebte es Elagabal, völlig nackt und wie eine Dirne geschmückt an der Tür seines Gemachs zu stehen. Seine Freunde hatten auf und ab zu schlendern wie Männer, die eine Straßenbekanntschaft suchen. Einer hatte sich dann so zu stellen, als sei er von der Schönheit des Kaisers überwältigt. Er machte seinen Antrag. Elagabal feilschte, dann einigte man sich, und der Liebhaber wurde eingelassen. War das Spiel aus, überhäufte Elagabal ihn mit Geschenken. Elagabal liebte kleine Überraschungen dieser Art. Einmal verschenkte er ein ganzes Tafelservice aus Silber. Elagabal verkörperte das, was man im viktorianischen Zeitalter so erstrebenswert an einem Mädchen fand: Er war »kultiviert«. Er konnte tanzen, singen und beherrschte mehrere Musikinstrumente. Auch kochen konnte er. Auf der Seite seiner negativen Eigenschaften stand seine Launenhaftigkeit. Er konnte Wutanfälle bekommen. So besaß ein junger Mann aus Sumona, ein gewisser Aurelius Zoticus, ein Athlet, einen wundervoll gebauten Körper und ein prächtig ragendes Geschlechtsteil. Es ließ sich nicht vermeiden – er mußte mit in den Palast. Elagabal war rettungslos in ihn verliebt. Aurelius schien eine kometenhafte Karriere im öffentlichen Dienst offenzustehen. Doch der »Gatte« des

Kaisers, Hierokles, war bekanntlich außerordentlich eifersüchtig. So ließ er ein Mittel in den Trank des Athleten mischen, das diesen jede Nacht impotent machte. Elagabal ließ in seinem Zorn den unglücklichen Aurelius nicht nur aus dem Palast jagen, sondern auch aus Rom, ja sogar aus ganz Italien.

Julia Maesa, Elagabals Großmutter, hatte intrigiert, um Elagabal zum Thron zu verhelfen, denn sie hielt ihn für leicht lenkbar. Nun kamen ihr Zweifel. Ihr Einfluß auf ihren Enkel begann zu schwinden. Vermutlich argwöhnte sie, die »weiblichen« Listen ihres Enkels seien den ihren ebenbürtig. Dies traf jedoch nicht ganz zu. So konzentrierte sie ihre Aufmerksamkeit auf ihren zweiten Enkel. Er hatte den schwachen Charakter, den sie brauchte, und seine Mutter, Mamaea, hatte ihn völlig in ihrer Gewalt. Julia schlug Elagabal daher vor, seinen Vetter als Sohn zu adoptieren und ihm einige Bürden seines Amtes zu übertragen. Er werde dann viel mehr Zeit für seinen Namensvetter, den konischen Stein, haben. Elagabal ging so in seinem Amt als Hoherpriester auf (zu Ehren seines Gottes verstieg er sich sogar zum Raub einer Vestalin), daß er bereitwillig zustimmte. Mamaea war eine ebensolche Intrigantin wie ihre Mutter. Die beiden Frauen begannen nun den Soldaten zuzureden, es sei doch ehrenvoller, einen männlichen als einen weiblichen Oberkommandierenden zu haben. Die Truppen stimmten nur zu bereitwillig zu. Sie begannen, sich von Elagabal ab- und Alexander, einem dreizehnjährigen Knaben, zuzuwenden.

Es dauerte nicht lange, bis Elagabal die Gefahr bemerkte. Er unternahm einige ungeschickte Versuche, Alexander aus dem Weg zu räumen. Sie brachten das Militär nur noch mehr gegen ihn auf. Elagabal ging zu den Prätorianern und brach in Tränen aus. Er deutete auf seine Gurgel und bat, seinen »Gatten« Hierokles zu schonen. Wenn nicht, sollten sie Hierokles' »Weib« (ihn selbst) auf der Stelle töten.

Es kam so etwas wie Mitgefühl auf. Doch Mamaea schmierte die Soldaten und verbreitete überall, welchen Demütigungen Elagabal ihren gemeinsamen Liebling Alexander aussetze. Elagabal in seiner Verzweiflung schmiedete ein neues Komplott. Es wurde entdeckt. Abermals ging Elagabal zum Prätorianerlager, doch als er merkte, daß es diesmal um Leben und Tod ging, versuchte er, sich in einem Verschlag zu verstecken. Doch man fand ihn und schlug ihm sowie seiner Mutter den Kopf ab. Die Leichen schleifte man durch Rom. Elagabals Rumpf warf man in den Tiber. Die stets mit Spottnamen hausierenden Römer nannten ihn fortan »Tiberinus«. Als er starb, war er 18 Jahre alt.

4.5 Severus Alexander

Drei Jahre lang war Rom von einem Mann regiert worden, der eine Frau sein wollte. Die nächsten 13 Jahre wurde es tatsächlich von einer Frau beherrscht. Alexander führte zwar Severus' Namen, hatte aber nichts von Septimius Severus' Charakter. Er war ein willensschwacher Knabe, vollkommen unter der Fuchtel seiner Mutter, Julia Mamaea. Sie war es, die im Römerreich das Sagen hatte. Andere Frauen hatten intrigiert, um dieses Ziel zu erreichen. Doch keine hatte je wirkliche Macht erlangt – bis auf Mamaea. Um ihren tatsächlichen Einfluß ein wenig zu tarnen, hofierte sie den Senat. 13 Senatoren bildeten ein Beraterkomitee – freilich: Sie waren eigens dafür ausgewählt und rieten genau das, was Mamaea hören wollte.

Ihr war klar: Nach den Exzessen Elagabals war respektables Auftreten das Gebot der Stunde. Elagabals Günstlinge wurden verbannt oder dem Schwert überantwortet. Nunmehr ging es am Kaiserhof moralisch zu. Die Mutter wachte auch über das Sexualleben ihres Sohnes. Ein passendes Mädchen wurde ausgesucht, Sallustia Orbinna, und die Heirat inszeniert, wie es sich gehörte, alles höchst ehrbar und sittsam. Nur – so hörig der junge Ehemann seiner Mutter blieb, die junge Frau schien aus anderem Holz geschnitzt zu sein. Es kam zu Unstimmigkeiten zwischen Schwiegermutter und Schwiegertochter. Dergleichen kommt auch heute noch in jeder Familie vor. Hier freilich nahm es einen schlimmen Ausgang. Sallustias Vater wurde des Hochverrats angeklagt. Ihn und Sallustia verurteilte man zum Tode.

Allerdings nimmt sich diese Bluttat eher wie ein rein privater Zornesausbruch, ein rein familiärer Racheakt aus. In den öffentlichen Angelegenheiten, der Staatsführung, zeigte Mamaea sich eher friedfertig bis zur Langeweile. Nichts Aufregendes ereignete sich. Die Prätorianergarde, frustriert, weil es keinen Kaiser zu ermorden gab, stürzte sich wegen einer Lappalie auf die Bürger. Die Bürger griffen ihrerseits zu den Waffen.

Aus der anfänglichen Bagatellsache wurde ein regelrechter Aufruhr. Er währte drei Tage, und die Prätorianer brannten einige Häuser nieder. Doch der Tumult wurde beigelegt. Die Garde haderte mit dem Prätorianerpräfekten und tötete ihn – die übliche Dramatik! – vor den Augen des jungen Alexander.

Mamaea war habgierig und geizig, doch dies kam dem Reich nur zugute, denn sie erlaubte ihrem Sohne keine der Extratouren, die Kaiser sich sonst herausnahmen. Severus Alexander gab so wenig Geld aus, daß er (oder vielmehr seine Mutter) die Steuern senken konnte.

Soweit läßt sich feststellen: Mamaeas Herrschaft über ihren Sohn war durchaus nicht von Übel. Unglücklicherweise entmutigte sie Alexander aber. Ein Kaiser hatte ein Heer zu führen, doch Alexander war zu ängstlich dazu. Mamaeas Stärke lag im Intrigieren, nicht in der Demonstration von Macht. Auch Alexander zog daher zwangsläufig Verhandlungen dem Kampf vor, und zwar selbst dann, wenn nach damaligen Begriffen Kampf nicht mehr zu umgehen war. Und dies erwies sich als katastrophal. Als ein neuer Artaxerxes die Herrschaft über das Perserreich antrat, kehrte er seine Waffen gegen Rom. Voller Verachtung wies er Alexanders Angebot zurück, die Streitfragen friedlich beizulegen und abzuklären, sondern er zwang den zaudernden Knaben zum Waffengang. Wie es der Brauch verlangte, zog Alexander an der Spitze seiner Truppen ins Feld, doch mitten im Kampf gab er auf. Sein Rückzug verursachte den römischen Soldaten bittere Qualen. Zwar feierte Alexander anschließend in Rom einen Triumph, doch bei der Armee machte sich Enttäuschung breit. Schwierigkeiten gab es auch am Rhein. Auch hier übten »Barbaren« starken Druck auf die Reichsgrenze aus. Grenzposten wurden ausgehoben, und man mußte sogar mit einem »Barbaren«-Einfall in Italien rechnen. Abermals boten Alexander und seine Mutter das Heer auf, um sich an den Schauplatz der Unruhen, nach Naraz, zu begeben. Und wieder zog Alexander Gespräche dem Kampf vor – auch diesmal ohne Erfolg. Zum Mißfallen seiner Legionäre versuchte er, die Germanen zu kaufen. Nun hatten die Soldaten einen respektablen Grund, gegen ihn zu revoltieren. Außerdem hatten sie natürlich einen neuen Geldgeber.

Ein Mann stand bereit. Als noch Septimius Severus Kaiser war, feierte er einst Getas Geburtstag in Thrakien. Damals erschien ein Bauer von riesigem Wuchs bei ihm und bat, an den Ringkämpfen teilnehmen zu dürfen, die zum Festprogramm gehörten. Septimius stimmte zu, denn er war sicher, daß der ungeschlachte Bauer gegen seine geübten Krieger keinerlei Chance hatte. Der Bauer aber – sein Name lautete Maximinus – besiegte einen Soldaten nach dem anderen, bis nicht weniger als 16 der besten Ringer der gesamten Armee am Boden lagen. Septimius gab ihm ein Geschenk und nahm ihn in sein Heer auf. Am nächsten Tage sah er den Mann Freudensprünge vollführen. Maximinus merkte, daß der Kaiser ihn wiedererkannt hatte. Er kam herbei und lief neben Septimius' Pferd her. Septimius ritt lange, Maximinus hielt – zu Fuß – immer Schritt.

Schließlich fragte Septimius ihn, ob er sich noch immer für einen Ringkampf fit fühle. Maximinus bejahte, er sei in Form. Tatsächlich warf er diesmal noch sechs Gegner nieder. Septimius war entzückt und nahm den Mann mit der märchenhaften Kondition mit nach Rom. Dort machte Maximinus Karriere, teils wegen seiner erstaunlichen Körperkraft und Ausdauer, teils wegen anderer soldatischer Eigenschaften. Eine gewisse Ungehobeltheit und Bauernschläue verlor er allerdings nie ganz. Und nun befand Maximinus sich bei der Truppe in Mainz, wo er Rekruten ausbildete. Er spürte die Unzufriedenheit der Soldaten mit ihrem schwachen, kindlichen Kaiser. Maximinus war dessen genaues Gegenteil, und er hielt damit nicht hinter dem Berge, daß er bereit sei, Alexander abzulösen.

Die Soldaten horchten auf. Als Maximinus eines Tages auf dem Paradeplatz ausritt, begrüßten sie ihn als Kaiser und ermordeten Alexander samt seiner Mutter Mamaea in ihrem Zelt. So endete die Linie der Severer, die mit dem Knaben aus Leptis Magna begonnen hatte.

4.6 Die Basis der Macht – Steuern

Wenn wir nunmehr zu den Ruinen von Leptis Magna zurückkehren, wenn wir abermals Septimius Severus' gigantische Basilika durchschreiten, jene Markthallen mit dem Glanz und der Eleganz eines Palastes, wenn wir den weitgestreckten Pier entlanggehen, dort auf die Stimmen der Vergangenheit lauschen und uns vorstellen, wovon jene Menschen wohl sprachen, als all die Steinbauten noch unversehrt standen, so meinen wir vielleicht: Es waren Neuigkeiten aus Rom, die hier von Mund zu Mund gingen – Skandale, Morde und der Sturz von Herrschern. Gewiß wurde auch davon gesprochen. Aber die Menschen aus der römischen Provinz waren uns in ihrem Denken sicher viel näher.

Ein Jahr lang notierte ich sorgfältig, worüber ich Leute bei mir zu Hause, im Flugzeug, im Taxi, im Omnibus und anderen Verkehrsmitteln sprechen hörte. Einige redeten von ihren Familienproblemen, aber beileibe nicht alle. Andere sprachen von sich, aber gleichfalls nicht alle (wenn es nicht Schriftsteller waren), wieder andere sprachen über irgendwelche Neuigkeiten, das kam aber nur selten vor. Ein Thema übertraf auf meiner Liste an Häufigkeit alle anderen – es stach alle aus: die Steuern! Es gibt viele Formen, darüber zu sprechen. Die Ehrlichen lamentieren, wer es mit der Durchtriebenheit hält, deutet augenzwinkernd an, wie gerissen er die Steuerbehörden hinters Licht geführt hat, die Nachdenklichen, Bedachtsamen klagen über die Verschwendung öffentlicher Mittel. Auch in der Zeit, die ich hier beschreibe, waren Steuern das Haupt- und Zentralthema. Zwar vielleicht nicht unmittelbar in Rom, aber ganz sicher in den Provinzen des Reiches. Wie wir heute, fanden auch damals die Leute den Druck der Steuerschraube immer unerträglicher. Es ist recht ernüchternd, sich vorzustellen, daß diese Unzufriedenheit der Auftakt und weitgehend auch die Ursache des Untergangs der Römermacht in Chaos und Anarchie war.

Auf ganz verschiedene Weise beschafften sich die Kaiser jene ungeheuren Summen, die sie für ihren Eigenbedarf und zum Unterhalt des Heeres benötigten. Wurde ein Gebiet erobert, legte man ihm einen Tribut auf. Man erhob ihn von den reichen Grundbesitzern und von Persönlichkeiten des öffentlichen Lebens, die sich ihrerseits wieder an ihren Pächtern und Klienten schadlos hielten. Manchmal war der Tribut auch in Naturalien wie Öl, Getreide oder anderen Lebensmitteln zu leisten. Zu Beginn der Kaiserzeit waren diese Abgaben nicht allzu hoch, obwohl allerdings schon damals eine Last. Die ersten Caesaren hatten andere Einkommensquellen: Erbschaftssteuern, Vermögenseinzug, Zölle für eine Vielzahl von Importen. Beispielsweise zahlte, so lesen wir, ein Römer für Gewürze und

Juwelen aus Indien mehr als das Hundertfache des ursprünglichen Preises.

Als die Kaiser sich dann immer mehr Extravaganzen leisteten und die Soldaten immer anspruchsvoller wurden, wuchsen die Steuern besonders in den Provinzen ins Unerträgliche. Oft genug wurde von jedem Beamten verlangt, aus eigener Tasche die dem Herrscher wünschenswert scheinenden Bauten wie Aquädukte, Straßen, Tempel, Denkmäler und dergleichen zu finanzieren. In dem Maße, wie diese Belastungen zunahmen, wuchs die Zahl derer, die sich nach Kräften um öffentliche Ämter drückten. Tatsächlich war einer der Gründe für den Untergang des weströmischen Reiches, daß sich nur noch ganz wenige bereit fanden, die Provinzverwaltung auf sich zu nehmen. Die Ehre, Staatsbeamter zu sein, war zu teuer geworden. Es gab noch eine schlimmere Zumutung. Die Kaiser reisten beständig im Reich umher. Wohin immer sie kamen, hatten die örtlichen Honoratioren für sie und ihr zahlreiches Gefolge aufzukommen, und zwar während des gesamten Aufenthaltes. Die Reise eines Tudor-Monarchen durch England war einst gefürchtet. Für manchen, der gezwungen war, den König zu beherbergen, bedeutete sie den glatten Ruin. Als das Zweite Vatikanische Konzil beschlossen hatte, in den sechziger Jahren ein zweites Mal in Rom zusammenzutreten, gab es im Vatikan große Sorgen wegen der Unterbringungskosten für 2000 Bischöfe. Dabei waren deren Unterkünfte relativ bescheiden. Man kann sich vorstellen, was es hieß, einen römischen Kaiser zu bewirten! Noch waren die Männer, denen dies oblag, Herren über unvorstellbare Besitztümer und außerdem Einnehmer von Tributen, von denen immer auch etwas an ihren Fingern kleben blieb, bevor der Rest nach Rom gelangte. Sie brauchen uns also nicht sonderlich leid zu tun.

Anders war es, wenn das Heer unterwegs war. Sooft der Kaiser seine Armee in den Krieg schickte (oder führte), lebten die Soldaten vom Lande und von dessen Bevölkerung. Die Landesbewohner, ob reich, mittelständisch oder arm, hatten aufzubringen, was immer die Soldaten forderten. Sie stellten die Pferde, die Troßwagen, die Verpflegung, die Waffen, das Holz für die Belagerungsmaschinen und Arbeitskräfte für die Feldlager. Zögerte man, so wurde mit Waffengewalt requiriert. Von Zeit zu Zeit forderten die Soldaten auch das Recht zu plündern. Kaiser, die es ihnen zu beschneiden versuchten, machten sich sehr unbeliebt. Mit Sicherheit wurden sie früher oder später auf die übliche Art gestürzt.

Der Fairneß halber sei eingeräumt: Dieses ganze System des Steuer- und Tributwesens funktionierte zur Zufriedenheit, solange das Reich stabil blieb. Unter Herrschern wie Trajan, Antoninus Pius und Mark Aurel erlebte das Imperium gute Tage. Rom scheffelte ehrlich und unehrlich erworbenes Geld in seine Taschen, doch ein großer Teil davon fand seinen Weg in die Provinzen zurück, und zwar genau auf dem Wege, von dem ich ausgegangen bin: durch den Handel. Die Seewege wurden offengehalten, die Piraten in ihre Schranken gewiesen (wenn auch nie vollständig), und die großen Transitstraßen, die uns noch heute in Erstaunen versetzen, hielten das Reich auf eine Weise zusammen, von der jeder profitierte. Doch seit Commodus bestand dieses Gleichgewicht nicht mehr. Die Provinzbewohner wurden gnadenlos ausgeplündert, das Reich von Kriegen erschüttert. Von allen Seiten kamen Klagen. Nur einer konnte helfen. Daher wandte man sich an den Kaiser. Der Kaiser aber war mehr und mehr vom guten oder schlechten Willen, ja, von den Launen des Militärs abhängig. Wie wir gesehen haben, erhoben die Truppen Kaiser und stürzten sie im Handumdrehen – und forderten dafür immer höhere Bestechungssummen. In dem halben Jahrhundert zwischen Severus Alexanders Todesjahr (235 n. Chr.) und 285 n. Chr. (dem Beginn der Herrschaft Diokletians [284–305 n. Chr.]) riefen sie nicht weniger als 26 Kaiser aus. Nur einer aus dieser blutbefleckten Reihe starb eines natürlichen Todes. Die Soldaten also regierten die Welt. Ihnen gilt daher nun unsere Aufmerksamkeit.

5 DIE GARNISON – TIMGAD

5.1 Stadtplanung in der Wüste

Für einen »Sammler« von Ruinenstädten wie mich scheint Timgad auf den ersten Blick ein geradezu vollkommenes Musterexemplar. Es liegt auf ansteigendem Gelände, und dies ermöglicht einen weiten Überblick. Ein Hintergrund ferner, nicht allzu erdrückender Berge gibt einen dezenten Rahmen ab. Und es scheint auch noch eine Menge von der Stadt übriggeblieben zu sein.

Ein bis zwei Stunden hält dieser Eindruck an. Zwei Straßen kreuzen sich rechtwinklig in der Stadt. Von den Säulen, die sie flankierten, stehen noch genug. Auf etwas höherem Gelände das Kapitol, von dessen Tempel zwei massive Säulen hoch aufragen. Daneben ein Theater mit wohlerhaltenen Zuschauerrängen. Wie in Leptis Magna gibt es einen Marktplatz; rings herum Mauerstümpfe von Häusern in Hülle und Fülle. Am Ende der Hauptstraße durchschreitet man einen Triumphbogen. Anscheinend gibt es viel zu sehen und zu erforschen.

Doch je länger man verweilt, desto langweiliger wird es. Die Ruinen scheinen ineinander überzugehen, bis man sie kaum auseinanderhalten kann. Man sucht nach einem Anhaltspunkt für das Auge, für die Phantasie, etwas Exzentrischem, Geheimnisumwittertem, doch das gibt es kaum. Man stiefelt eine Straße nach der anderen ab, biegt um eine Ecke nach der anderen – und immer wieder dieses Gefühl, schon einmal dagewesen zu sein (nicht wie in einer romantischen Traumwelt, sondern ganz banal: Vor 20 Minuten bist du doch hier schon einmal vorbeigekommen!).

In Timgad passierte es mir zum ersten Mal, daß ich all die Leute verstand, die nur wenig von Geschichte wissen, die die Faszination der Archäologie nie erfahren haben, aber ihre Pflichtrunden mit mir abdrehen, um etwas für ihre Bildung zu tun, und sich dabei insgeheim die ganze Zeit über einfach nach einem Glas Bier sehnen, einem Bier gegen die Monotonie.

Ich hielt durch. Das Gefühl verstärkte sich von Tag zu Tag. Es war kein Vergnügen, aber es war lehrreich. Mir scheint: Timgad lehrte mich mehr über die Römer als Rom selbst. Um Timgad richtig zu beurteilen (und seine Füße zu schonen), sollte man die Stadt aus der Luft betrachten. Mir persönlich war dies nie vergönnt. Ich trieb aber eine Luftaufnahme auf, die der Leser studieren kann (Abb. 39).

Man erblickt hier das stupideste Stück Stadtplanung, das man sich vorstellen kann. Selbst Strafkolonien bieten mehr Abwechslung. Man hat einfach ein Gitter von Straßen in einen quadratischen Rahmen gespannt – so etwa wie ein idealer Parkplatz für monströse Panzerkraftwagen. Am Boden zeigt sich: Zeit, Erdbeben und Invasoren haben für ein wenig Abwechslung in dem Einerlei gesorgt. Es gibt Lücken. Doch als die Stadt neu war, muß sie so anmutsvoll und anregend ausgesehen haben wie zwei Reihen vollständig ebenmäßiger falscher Zähne!

Kaiser Trajan war es, der um 100 n. Chr. Timgad erbauen ließ. Trajan war ein fähiger Mann. Er erkannte: Es war seine Aufgabe, die Grenzen des sich ausdehnenden Reiches zu fixieren. Er zog Linien und befestigte sie, teils mit Forts, teils mit Siedlungen, in denen die Soldaten wohnten. So entstand in nur 17 Jahren die nordafrikanische Colonia Marciana Traiana Thaumagas, das heutige Timgad. Sie bestand 300 Jahre – im wesentlichen unverändert, wenn man vom Bau einer äußerst schlichten christlichen Kirche absieht. Kaiser Trajan aber war ein Mann von Geschmack, zumindest ein Mann, der eine glückliche Hand bei der Auswahl von Künstlern hatte. Im Zentrum Roms errichtete er ein mächtiges Forum, das seinerzeit ein Weltwunder war. Er sparte keine Mühe. Einen ganzen Hügel ließ er abtragen, um Platz zu gewinnen. An einem Ende des imponierenden Baukomplexes errichtete er eine Säule, um die spiralförmig ein Reliefband läuft, das die Geschichte eines seiner Kriege erzählt. Oben auf der Säulenspitze stand Trajans Statue, und in der Säulenbasis setzten seine Nachfolger ehrfurchtsvoll seine Asche bei. Die Asche ist verschwunden, aber die Säule steht noch. Sie ist eines der lohnendsten Besichtigungsobjekte in ganz Rom.

Wir sahen den Triumphbogen, den Trajan in Leptis Magna errichten ließ. Aus seinen Ruinen läßt er sich leicht rekonstruieren, und er ist – ich sagte es bereits – ein außergewöhnlich schöner Bau. Auch in Timgad errichtete Trajan einen Torbogen. Als Tor mag dieser zwar hingehen, doch ist er völlig einfallslos: eine rein mechanische Routinearbeit, alles hübsch ausgewogen, wie man es dem Architekt beigebracht hatte. Sogar Queen Victoria tat einen besseren Wurf, als sie Marble Arch in London zu bauen befahl – Marble Arch ist zweifellos komisch, aber man gewöhnt sich schließlich daran. Die Einwohner von Timgad dagegen würdigten, glaube ich, ihren Bogen, nachdem er ein Jahr lang stand, kaum noch eines Blickes, aber die meisten von ihnen waren damals ja auch römische Legionäre – ohne Zweifel eines der merkwürdigsten Produkte der antiken Welt.

Als Rom – noch zur Zeit der Republik – seine Eroberungen begann, bediente man sich einer Bürgerarmee. Die Soldaten kämpften im Sommer und kehrten im Winter wieder zu ihren Feldern oder zu anderen Beschäftigungen zurück. Einige Schlachten gingen verloren, doch die meisten gewannen sie. Der Preis, den sie zu zahlen hatten, war hoch. Es gab schwere Verluste, und man machte sich klar: Wenn die Kämpfe weitergingen (und wer hätte ernsthaft an ihre Einstellung gedacht!), würde Rom eines Tages alle Männer in den besten Jahren verloren haben. Doch damals hatte Rom schon ganz Italien unterworfen. Die Bürgerarmee wurde zum Söldnerheer. Es waren die Provinzler – im eigentlichen Sinn dieses Wortes –, die nun für Rom kämpften. Italiker, wie man sie damals nannte, Italiener, wie wir heute sagen würden. Aber Stadtrömer waren es nicht.

Als das Reich sich auf wirklich fremde Gebiete ausdehnte, fand man dort eine ungeheure »Kampfkraftreserve«. Es waren Leute aus diesen neuen Provinzen des Kaiserreichs, die nun die Reihen der Armee füllten. Und so blieb es bis zum Ende. Wir haben gesehen, wie die Armee Kaiser ausrief und wieder stürzte – eine paradoxe Situation: etwa so, als ob die Armee in Indien während der Kolonialzeit mit ihren Sikhs, Gurkhas und so weiter nach dem Tode der Queen Victoria Eduard VII. zum König von England ausgerufen hätte.

Der Legionär verpflichtete sich zu 20 Jahren Heeresdienst. Zwar hatte er unter Umständen durch das gesamte Imperium zu marschieren, in unruhigen Zeiten auch nach Italien, doch für gewöhnlich befand sich sein fester Standort an den Reichsgrenzen. Dies war für ihn einer der Gründe, sich anmustern zu lassen, denn nach Beendigung seiner Dienstzeit erhielt er dort Land zugewiesen, wo er die meiste Zeit seines Lebens verbracht hatte. Nun ließ er sich als Bauer nieder. Hatte er reiche Beute gemacht und großzügige Prämien erhalten, konnte er sich in recht beachtlichem Stil ansiedeln. So träumten die Soldaten in Timgad von dem Tag, an dem sie südlich der Stadt ihre eigenen Gehöfte beziehen würden. Noch immer erblickt man die Bewässerungsanlagen derartiger Veteranenanwesen längs der Grenze Römisch-Afrikas.

5.2 Soldatenleben

Doch bevor der Legionär sich als glücklicher Grundbesitzer niederlassen konnte, hatte er 20 Jahre Militärdienst durchzustehen. Ich verwende diesen Ausdruck, weil «kämpfen« falsch wäre. Seit unserer Schulzeit hegen wir die Vorstellung von Legionen streng dreinblickender Römer, die endlos über schnurgerade, ausgezeichnet angelegte Straßen marschieren und beständig von schlechtorganisierten »Eingeborenen«-Horden, angeführt von Trägern unaussprechlicher Namen, in irgendwelche Scharmützel verwickelt werden. Die »Eingeborenen« – auch dies gehört zu unserem Bild – schlugen sich wacker, endeten aber schließlich durch Verrat. In republikanischer Zeit, ja noch unter Julius Caesar (dessen für die Heimat bestimmte Propagandaschriften das Märchen aufkommen ließen) mag sogar etwas Wahres an diesen Vorstellungen gewesen sein. Noch fand man Stadtrömer unter den Legionären, und noch war die Truppe sehr beweglich. Jedoch als Timgad entstand, lagen die Dinge völlig anders. Erstens blieb ein Legionär den größten Teil seiner Dienstzeit »zu Hause«. Er stammte aus der bäuerlichen Bevölkerung, aus der Schicht der Gewerbetreibenden und Arbeitslosen der Randgebiete, und seine Hauptfunktion bestand darin, diese Bevölkerungsschichten gegen die »Barbaren« jenseits der Grenze zu verteidigen, von denen sie sich selbst praktisch gar nicht unterschieden. Wurden die »Barbaren« unruhig, hatte der Legionär tatsächlich in ihr Gebiet einzumarschieren, aber auf Pfaden, nicht auf Straßen. Zwar hatte er eine oder zwei Schlachten zu schlagen, doch war der Kampf erst einmal gewonnen, zogen die römischen Truppen sich – zumindest seit Trajan – gewöhnlich wieder an ihren Standort zurück. Auf seinen Märschen legte der Legionär täglich knapp 26

Kilometer zurück. Dann hatte er ein vollkommenes Quadrat abzustecken, in dem mit mathematischer Präzision die Zelte errichtet wurden. Ein solches Lager hatte zwei Hauptachsen, die sich rechtwinklig schnitten, und von ihnen gingen weitere, sich gleichfalls rechtwinklig kreuzende Straßen aus. So war ein solches Lager eine Art Timgad auf Zeit, während Timgad ein permanentes Lager war.

Die Fußtruppen bildeten den harten Kern des Heeres. Auch Reiter gab es, doch sie ritten auf zu kleinen, zu leichten Pferden und spielten daher allenfalls eine untergeordnete Rolle. Später, als man schwere und stärkere Pferde züchtete, nahm auch die Bedeutung der Reiterei zu. Doch der Löwenanteil aller Kämpfe, die Rom je bestand, fiel den Fußtruppen zu.

Erst nach dem Aufkommen des Films belud man den römischen Legionär mit einer komplizierten, ausgeklügelten Rüstung. Bisweilen trugen die Prätorianer tatsächlich verzierte Brustplatten, doch nur als Schmuck bei Paraden. Im Kampf schützte meist nur ein Lederpanzer den Krieger. Später fügte man hinten und vorn Metallplatten hinzu. Außerdem trug der Legionär Sandalen, keineswegs Beinschienen. Sein Schild war leicht, gewölbt und länglich. Er bestand aus einem mit Leder bespannten Rahmen. Das Leder war mit Metallblech überzogen.

Die Waffe des Legionärs bestand aus dem *pilum,* einem Wurfspeer mit gewichtiger Spitze. Hatte er ihn geworfen, zog er sich in eine für ihn ausgesparte Lücke in der Schlachtreihe zurück; eine zweite Reihe von Soldaten sprang nun vor und warf ihrerseits. Inzwischen begannen an den Flügeln der Front die Hilfstruppen zu operieren. Es gab Spezialeinheiten von Schleuderern und Bogenschützen. Sie rekrutierten sich aus Stämmen innerhalb des Reichsgebietes, die besondere Kampftaktiken entwickelt hatten. Schleuderer beispielsweise kamen meist von den Balearen, Bogenschützen aus dem Vorderen Orient. Oft ließ man diese Sonderverbände so kämpfen, wie sie es von Hause aus gewohnt waren.

Nun kam der Kampf Mann gegen Mann. Die Legionäre verwendeten dabei ein kurzes, breites Schwert. In unseren Vorstellungen ist es praktisch zum Symbol Roms geworden, erfunden wurde es allerdings in Spanien. In einen Nahkampf verwickelt, schlugen die Legionäre damit nicht um sich (wie etwa im Einsatz gegen Zivilpersonen oder bei Massenschlächtereien), sondern benutzten es ausschließlich als Stoßwaffe, um sich nicht etwa beim Umherschlagen zu große Blößen zu geben. Beim Stoßen hatte man mehr Deckung. Schläge des Gegners wurden mit dem Schild pariert, und den Kopf des Legionärs schützten kleine, eiserne Helme (oder auch einfach nur Lederkappen). Zwar konnte eine Legion dem Gegner große Verluste zufügen, doch hatte sie nie die niederwalzende Wirkung einer makedonischen Phalanx, die Reiche zum Einsturz brachte. Siegte die Legion, dann siegte sie wegen ihrer zahlenmäßigen Überlegenheit und ihrem Stehvermögen. Gewöhnlich hatte sie bessere Disziplin als ihre Gegner, die für König und Vaterland kämpften. Die Legionäre kämpften für gutes Bargeld und für ihren kleinen Hof im Grenzland. Sie kämpften hartnäckig, zäh, doch bisweilen erlitten sie schreckliche Verluste. Bei seinen Zügen nach Britannien soll Septimius Severus nicht weniger als 50 000 Mann verloren haben.

Die Überlebenden hatten Glück. Ihre Beute wurde auf einen Haufen zusammengetragen und dann streng nach Dienstalter verteilt. Kriegsgefangene traf ein sehr unterschiedliches Los. Die älteren von ihnen machte man einfach nieder. Abkommen zu ihrem Schutz, Menschenrechtskonventionen und dergleichen gab es nicht. Wer kräftig oder schön gebaut war, kam in die Sklaverei. Nicht immer war das Los solcher Sklaven grausam. Unglück hatten diejenigen, die zur Feldarbeit eingeteilt wurden. Diese Arbeit war hart, und man konnte es auf diesem Gebiet zu nichts bringen. Wen es jedoch in die Stadt verschlug, insbesondere nach Rom, hatte durchaus die Chance, dort besser zu leben als vorher in seinen heimischen Wäldern oder Dörfern. Seit der Zeit des Augustus wurde die Behandlung der Sklaven immer humaner. Brutale Strafen wurden verboten. Wir hören von einem Reichen, der einen Sklaven schwer mit einer Schwertscheide verletzte, die er ihm über den Kopf schlug. Er wirbelte damit einen solchen Staub auf, daß er das *corpus delicti,* die unglückselige Schwertscheide, zu einem seiner Freunde brachte und diesen bat, er möge es auch ihm um die Ohren schlagen.

Sklaven in den großen Städten des Reiches verdienten bisweilen Geld genug, um sich freizukaufen. Sklaven freizulassen, gehörte zum guten Ton, ja wurde eine Art Statussymbol. Es geschah so häufig, daß es durch Gesetze eingeschränkt werden mußte. War ein Sklave erst einmal frei, unterlag er keinerlei Beschränkungen. Freigelassene verwalteten den Kaiserpalast in Rom und die Statthalterpaläste in den Provinzen. Einige von ihnen brachten es zu außerordentlichem Reichtum.

Ein schwieriger Teil der Aufgaben eines Legionärs war die Belagerung umwallter Städte. Außerhalb einer Bogenschußweite umgab man eine solche Stadt mit Erdwerken. Die eigentliche Belagerung konnte beginnen. Bei den Römern war dies ein stures Geschäft, eine Plackerei, fernab allem Heroismus. Man hatte die Verteidigungswerke von Verteidigern freizuhalten. Dazu dienten Wurfmaschinen wie die *ballista,* die riesige Felsbrocken schleuderte, oder gigantische Bogen, die eiserne Geschosse abfeuerten. Die Stadtmauern selbst ging man mit Mauerbrechern an. Deren Bedienungsmannschaften fanden unter Dächern Schutz, die gegen Brandpfeile oder siedendes Öl, das die Verteidiger von den Wällen herabgossen, durch einen Lehmüberzug gesichert waren. Andere Maschinen bohrten Löcher in die Fugen, bis die Mauerblöcke locker waren. Hielten die Mauern auch dann noch stand, unterminierte man sie mit unterirdischen Stollen. Bei der Belagerung der von Juden besetzten Festung Masada konnte keines dieser Verfahren angewandt werden, denn Masada liegt auf dem Gipfelplateau eines steilen Felsmassivs. So bauten die Römer voller Geduld eine beinahe 220 Meter lange, etwa 120 Meter hohe Sturmrampe aus Lockermaterial. Als die Rampe fertig war, kletterten sie hinauf und nahmen die Festung ein. Noch heute sieht man diese gigantische Aufschüttung bzw. Anschüttung am Westhang von Masada.

Waren die Wälle einer Stadt gebrochen, nahm man die Stadt im Sturm, wenn sie nicht schon vorher durch Verrat gefallen war. Man gab die eroberte Stadt zum Plündern frei. War der Widerstand sehr hartnäckig gewesen, wurde ein allgemeines Blutbad angeordnet. Die römische Soldateska raste entmenscht durch die Straßen und schlug alles nieder, was ihr in den Weg kam, Männer, Frauen und Kinder. Man brach in offene Häuser ein und schlachtete ganze Familien ab. Verstecke wurden aufgestöbert und alle, die sich dort verborgen hatten, umgebracht. Man mordete ohne Unterschied. Die Straßen waren glitschig vom Blut. Überall lagen verstümmelte Leichen umher. Zweck des Ganzen war, Terror zu verbreiten – vor allem in den Nachbarstädten. Falls eine daran dachte, sich den römischen Waffen zu widersetzen, sollte sie nicht im Zweifel gelassen werden, was ihr dann blühte.

Selbstverständlich gehen auch heute noch militärische Planer davon aus, daß Massenschlächtereien unbewaffneter Zivilisten weit um sich greifende Panik erzeugen, nur daß man heute Größenordnungen für den Massenmord kennt, von denen die Römer noch nicht einmal zu träumen wagten. Man glaubte fest daran, etwa durch Bombenangriffe auf Städte wie London, Berlin, Hamburg und Dresden, den Kampfwillen des jeweiligen Gegners zu erschüttern. Doch in keinem dieser Fälle wurde das Ziel erreicht. Die Armeen an der Front entschieden den Krieg. So war es, und jeder weiß es. Dennoch glauben Strategen noch immer an die abschreckende Wirkung der Massenvernichtung von Zivilisten und wenden sie weiterhin an. Auch hier bleibt die gewünschte Wirkung des Mordens aus. Bei den Römern allerdings war es wohl anders. Es gab vor dem Tode kein Entrinnen. Es gab keine Schutzräume, in denen man sicher war. Es gab keine Flucht auf das Land, denn die Stadt war von Truppen umzingelt. Heute wird Soldaten gewöhnlich der Prozeß gemacht, wenn sie Zivilisten umbringen, es sei denn, sie tun es mit Bomben aus der Luft. Vom Legionär erwartete man systematischen Massenmord. Man bezahlte, hofierte und belohnte ihn dafür.

6 RÖMISCHES LEBEN IM OSTEN

6.1 BÄDER

Einer der wenigen menschenfreundlichen Züge, die Timgads Ruinen aufweisen, ist die Fülle (man muß es wohl so nennen) von Badeanstalten: Nicht weniger als 13 solcher Bäder wurden bisher gefunden. Bei einigen handelte es sich ganz einfach um Bordelle. Zweifellos war es in Rom und auch sonst überall im Reich nicht viel anders (bis heute heißt *bagno* [= »Bad«] im Italienischen gleichzeitig auch »Bordell«). Andere Bäder jedoch erhoben einen seriöseren Anspruch. Wir können diese Bäder am besten studieren, wenn wir das römische Timgad wieder verlassen und uns abermals in das phönikische Leptis Magna mit seiner freieren Atmosphäre begeben. Dort finden wir die majestätischen Ruinen einer Badeanstalt, die zu den imposantesten und gigantischsten der gesamten römischen Welt gehörte.

Zwischen massiven Mauern eintretend, blicken wir durch eine wahre Flucht von Säulen und vorspringenden Bögen. Eine Halle nach der anderen öffnet sich, wenn wir weiter eindringen. Ein Mauerbogen nach dem anderen wölbt sich über unseren Köpfen. Schließlich gelangen wir auf ein quadratisches Areal mit eingetieften Schwimmbecken und einem weiten, offenen Platz, dessen halbrunden Abschluß eine anmutige Säuleneinfassung ziert. Man könnte meinen, durch einen Königspalast geschritten zu sein, doch in diesem Palast war jeder Bürger von Leptis Magna König.

Die »alten« Römer, von den Römern der Spätzeit so sehr bewundert, hielten von häufigem Waschen nicht allzuviel. Ein Bad alle neun Tage genügte ihnen. Doch als der Luxus zunahm, wusch man sich auch öfter. Dies wurde zwar von Bewunderern strengen Altrömertums beklagt, doch was Rom an Moral verlor, gewann es an Duft. So wird von Commodus berichtet, er habe achtmal täglich gebadet.

Kaum kann man sich vorstellen, wie er dabei noch Zeit fand, alle seine Bestien zu erlegen und seine diversen Gladiatoren in den Staub zu werfen.

Die Römer übernahmen den Brauch regelmäßigen Badens von den Griechen. Doch bei den Griechen war Baden eine simple Angelegenheit. Man saß in einem kleinen Zuber und wurde von einem Sklaven mit Wasser übergossen. Der Zweck dieser Übung war eigentlich nur, den täglichen Schweiß abzuspülen. Die Römer dagegen machten das Schweißtreiben zum Bestandteil ihrer Lebensart. Sie errichteten ungeheure Marmor-Treibhäuser zum Vorwärmen und Anwärmen, bis einem schließlich kochend heiß wurde und man sich durch eiskaltes Wasser wieder »abschreckte«. Die Backsteinkerne zweier solcher »Sauna«-Anlagen, der Thermen (= »heiße Bäder«) Diokletians und Caracallas, sind – sogar noch als Ruinen – die größten Bauwerke Roms nach dem Kolosseum. In einem Teil des einen Baukomplexes erheben sich heute eine Kirche vom Ausmaß einer Kathedrale und ein geräumiges Museumsgebäude. Die andere ehemalige Badeanlage enthält auf nur einem Viertel ihres ehemaligen Areals eine Opern-Freilichtbühne mit Sitzplätzen für 20000 Zuschauer.

Die Bäder in Leptis Magna entstanden schon zur Zeit Hadrians, doch wurden sie nach genau demselben Plan gebaut. Es war Mittag, wenn die Bäder geöffnet wurden. Das Eintrittsgeld war minimal. Manchmal war der Eintritt sogar gratis. Dann hatte ein reicher Bürger eine Stiftung gemacht, die die Ausgaben deckte. Jeder männliche Bürger kam, wenn schon nicht täglich, dann wenigstens fast täglich. Er brachte ein *strigillum* zum Schaben der Haut mit, ein kleines Ölgefäß und ein paar Handtücher. Bis zu Septimius Severus' Zeit mußte man für das Badeöl zahlen, seit Severus wurde es dann auf Staatskosten frei abgegeben. Der Einzug ins Bad wurde zur Protzerei. Für Höhergestellte »schickte es sich nicht«, das *strigillum* selbst zu tragen. Man brauchte einen Schwarm von Sklaven, je mehr, desto besser. Besonders Gutbetuchte ließen sich sogar von Sklaven ins Bad tragen, denn auf dem Höhepunkt der Kaiserzeit galt es als schick, für absolut unfähig zu gelten, irgend etwas – außer Sex und Essen – selbst zu vollbringen. Von einem »besonders Vornehmen« wird berichtet, er habe, als er in seiner Sänfte saß, seinen Leibdiener gefragt: »Sitze ich auch wirklich gerade?«

Das freilich war die Ausnahme. Die Regel war, daß man einige Übungen durchführte, bevor der Körper mit Öl eingerieben wurde, das wieder abgekratzt werden mußte. Dann begab sich der Badende in einen dekorierten Raum, den unter Fliesenkacheln und in Wand-Hohlziegeln entlangstreichende Heißluft tüchtig heizte. Hier saß man und plauderte mit Freunden, bis einem ordentlich warm war. Unter einem Torbogen ging es dann zur nächsten Halle, wo in einem Bassin heißes Wasser brodelte. Hier war es noch heißer. Wenn man wollte, konnte man noch weiter gehen – in ein Dampfbad, wo die Luft an die heißesten Kabinen unserer »türkischen Bäder« erinnerte. Aus diesen beiden Schwitzbädern gelangte man direkt in ein Freibad mit frischem Kaltwasser. Schließlich schlenderte man oder saß herum und unterhielt sich. Die Bäder waren von Läden umgeben. Hier gab es Wein, Süßigkeiten und einen Imbiß. Auch betrinken konnte man sich, aber das galt als unfein. Etwa gegen halb drei Uhr ging man zum Mittagsmahl nach Hause. Hauptsächlich waren diese Bäder etwas für Männer. Sie liefen dort nackt umher. Frauen hatten entweder eigene Badezeiten oder eigene Bäder, die dann an die gleiche Heizung angeschlossen waren wie die sonst separaten Männerbäder. Doch es galt als recht deklassierend, wenn eine Frau öffentliche Bäder besuchte. Damen der Gesellschaft blieben zu Hause. Hier hatten sie eigene luxuriöse Dampfbäder und ein Heer von Sklavinnen, die ihnen aufwarteten. Auf dem Gipfel der Macht Roms ahmte man überall römische Sitten nach, auch römische Badehäuser und römisches Badeleben. Was die Phönikier jedoch wirklich von Rom hielten, verrät eine Statue aus Leptis Magna.

6.2 Triumph des Orients

Alle öffentlichen Bäder im Römerreich waren mit Statuen dekoriert. Entweder handelte es sich um Originale oder um Kopien griechischer Skulpturen. Die Römer bewiesen wenig Schöpferkraft auf dem Gebiet der bildenden Kunst, aber sie hatten sich schon früh damit abgefunden: Sie brauchten sie nicht. Die Griechen hatten das letzte Wort in künstlerischer Hinsicht gesprochen. Auch fehlte den Römern Erfindungsgabe für religiöse Mythen. Die altrömische Religion nimmt sich wie ein Sammelsurium von seltsamen Abstraktionen und ländlichem Aberglauben aus. Abermals machten die Römer bei den Griechen Anleihen und übernahmen deren Olymp. Dabei änderten sie zwar einige Götternamen, nicht aber die zugehörigen Erzählungen. Der einzige Mythos, den sie selbst in die Welt setzten, war die Vergöttlichung verstorbener Kaiser und ihrer Gemahlinnen.

Bei der in den Bädern von Leptis Magna gefundenen Statue handelt es sich um eine Darstellung des Gottes Apoll, eine mittelmäßige Arbeit, einen Gemeinplatz damaliger Allerweltskunst – bis auf eine Einzelheit: Die ursprünglichen Gesichtszüge des Gottes wurden entfernt und durch die eines Knaben ersetzt. Es ist ein Porträt des Antinoos, jenes jungen bithynischen Sklaven, in den Kaiser Hadrian unsterblich verliebt war. Zwar fehlte es in Rom nicht an Kritik, doch im allgemeinen duldete man Hadrians Leidenschaft. Wie die Bildhauerkunst, so war auch die Knabenliebe schließlich griechischen Ursprungs und daher ein Teil der Kultur. In der Mittelmeerwelt außerhalb Roms nahm man die Liebesgeschichte mit größerer Sympathie auf. Antinoos wurde berühmt.

Er starb bei einem Bootsunfall auf dem Nil. Unklar ist, ob eifersüchtige Höflinge ihn ertränkten, ob er Selbstmord beging, um Hadrian vor irgendeinem Unheil zu retten, das man diesem prophezeit hatte, oder ob er wirklich nur durch einen banalen Bootsunfall umkam. Alle drei Versionen haben ihre Befürworter. Was immer die Ursache war – Hadrians Trauer war riesengroß. Er ließ den Knaben unter die Götter erheben und überall Statuen von ihm aufstellen. In Ägypten gründete er sogar eine Stadt Antinoopolis. Es entstanden Kulte um den Liebling Hadrians.

Es ist selbstverständlich, daß die Kaufleute von Leptis Magna von diesem Treiben nicht sonderlich begeistert waren. Wollte der Kaiser wirklich eine Statue seines Lieblings, dann sollte er sie haben, aber wenigstens teilweise »aus zweiter Hand«. Mich regt dieses Standbild zum Nachdenken an. Was bedeutete es für diese Seefahrer, die nicht davor zurückschreckten, Afrika zu umsegeln, Tag für Tag den Lieblingsknaben eines Kaisers vor Augen zu haben, wenn sie ins Bad gingen? Vielleicht drängt sich gerade mir diese Frage auf, weil ich meine Kindheit in Indien verbracht habe. Auch dort gab es überall Statuen von Herrschern und Herrscherinnen, oft von reichen Geschäftsleuten gestiftet. Es gab ein Standbild von Eduard VII., keines jedoch, wenn ich mich recht erinnere, von seiner Geliebten, Lily

Langtry. Doch man kümmerte sich so wenig um diese Bildwerke, daß es niemanden gestört hätte, wenn auch sie dort verewigt worden wäre.

Ich glaube, ich habe in Indien gelernt, wie wenig den Menschen Freiheit bedeutet. Wer nichts zu sagen hat, kümmert sich nicht viel um Redefreiheit. Wer kaum mit seiner Familie zurechtkommt, trägt kein brennendes Verlangen danach, im Nationalrat zu sitzen. Wer nicht weiß, was Geschichte ist, ist froh, wenn andere sie machen. Zwar läßt man sich lieber von seinesgleichen kommandieren, doch wenn es zum Äußersten kommt, tauscht man gern einen Fremden gegen einen Narren.

So war es in Indien. Nach Jahrhunderten von Mißwirtschaft, Kleinkriegen und gigantischer Korruption herrschte Ordnung im Land. Die Dinge gingen ihren Gang – so lange, bis die fremden Oberherren sich im Ersten Weltkrieg übernahmen und durch den Zweiten Weltkrieg fast ruinierten. Wenn derartiges geschieht, wenn die Fremden zu müde werden und zu sehr verunsichert sind, um wirklich zu regieren, dann ist Zeit für die Geburt so hoher Ideale wie Freiheit, Unabhängigkeit und Selbstbestimmung. Man kann sich dem schlechterdings nicht entziehen.

Von Leptis Magna aus betrachtet, bedeutete *imperium,* daß das Geschäft blühte. Zwar hatte man Steuern zu zahlen, doch die Handelsrouten waren offen, und solange sie von Soldaten offengehalten wurden, verdiente man auch genug, um die Steuer zu zahlen. Kaiser kamen und gingen. Einige waren gut, andere schlecht, manche geradezu hirnverbrannt. Aber der Behördenapparat blieb. Er war bestechlich, aber das wurmte nur den, der nicht genug hatte, um die Schmiergelder zu zahlen. Für einen Geschäftsmann sind Verbindungswege alles. Zur Zeit des Reiches waren sie glänzend. Die kaiserliche Post beförderte nicht nur Todesurteile, sondern auch Briefe. Septimius Severus erkannte die Bedeutung dieser Dienstleistung sehr wohl und erließ die Gebühren – ein Zustand, von dem wir heute weit entfernt sind. Dann gab es noch etwas anderes – und hier stimmt die Parallele zu Indien nicht mehr. In der Frühzeit des Reiches waren dessen nominelle (der Senat) und wirkliche Herren (die Kaiser) Römer aus römischem Schrot und Korn. Aber schon Trajan und Hadrian kamen aus Spanien. In dem Maße, wie Roms Welt sich weitete, weitete sich der Horizont. Die Römer besaßen eine

Gabe, die anderen Reichsgründern – Briten, Spaniern, Portugiesen – fehlte. Sie hegten keinerlei Rassenvorurteil. Als Caracalla allen Freien im Reich das römische Bürgerrecht gewährte, vollendete er nur, was sich schon seit langem angebahnt hatte. Leptis Magna aber trieb weiterhin Handel im Frieden Roms. Es verdiente weiterhin, und wenn Roms Soldaten gelegentlich Verwüstungen anrichteten, um diesen Frieden zu erhalten, blieben Leptis Magna und hundert andere Städte im Mittelmeerraum davon unberührt. Die Phönikier hatten einst den Fall Karthagos überlebt, und nun ließ man sie in Ruhe.

Doch nicht nur, daß sie gerade überlebten. Sie genossen auch ihren Triumph. Leptis Magna gab Rom einen Kaiser, und dieser Kaiser, Septimius Severus, nahm eine Frau aus Syrien, aus dem östlichen Mittelmeerraum, von wo die Phönikier einst gekommen waren. Östliche Lebensweise, östliche Philosophie faßten in Rom Fuß, ja die Semiten erlebten es, daß einer der Ihren, Elagabal, mitten in Rom einen semitischen Baal anbetete. Der Rest der Geschichte führt uns wieder nach Syrien zurück: in eine syrische Stadt.

7 DIE OASE – PALMYRA

7.1 TREFFPUNKT DER KARAWANEN

Etwa zur gleichen Zeit, als die Phönikier längs der Ostküste des Mittelmeeres ihre Städte bauten, siedelte weit im Landesinnern im heutigen Syrien ein anderer semitischer Stamm: die Aramäer. Sie verfügten über keine Spezialbegabung wie etwa die seefahrenden Phönikier – außer, daß sie einen besonders guten Blick dafür hatten, wo man Städte bauen konnte. Sie fanden eine Oase, und hier gründeten sie Tadmor, das zur Legende werden sollte.

Tadmor lag an den großen Karawanenstraßen. Sie führten über Land durch Persien bis ins ferne Indien und nach China. Eine andere Route kam vom Roten Meer, eine dritte führte zur Mittelmeerküste. Karawanen von überall her rasteten in der Oase. Einkäufer aus dem Westen fanden sich hier ein, aber auch »Seetransportunternehmer« wie die Phönikier. Gold und Juwelen, Seide und Gewürze gingen hier von Hand zu Hand. Für Kaufleute aus Ost und West war Tadmor eine Reise wert – eine lange, mühevolle Reise. Und Tadmors Gründer wurden reich.

Die Aramäer erhoben Zoll auf alle Waren, die hier den Besitzer wechselten. Dies war keine Willkür, denn sie versahen die Handelsleute mit Wasser aus ihren Quellen, von denen einige Heilkräfte besaßen. Sie organisierten und regelten das Kommen und Gehen der Karawanen. Sie brachten Tiere und Menschen unter. Sie stellten ihren Markt zur Verfügung. »Karawanendirektoren« und »Marktdirektoren« gehörten zu ihren Honoratioren.

Wie bei Menschen, die mit aller Welt handeln, nicht anders zu erwarten, verständigten sie sich in einer Sprache, die alle Welt verstand. Sie verbreitete sich nach und nach über ganz Syrien und die angrenzenden Königreiche Israel und Juda. Man sprach sie in Jerusalem, und hier ist vor allem einem Mann zu verdanken, daß sie nicht in Vergessenheit geriet: Jesus von Nazareth. Wollen Gelehrte Jesu Worte ganz verstehen, müssen sie Aramäisch lernen. Tadmor gewann so sehr an Glanz, daß die Legende entstand, es sei von König Salomo erbaut worden, denn Kaufleute konnten unmöglich diese Pracht geschaffen haben.

Dann kam das Römerreich. Die Römer (ganz besonders Markus Antonius) warfen habgierige Blicke auf das reiche Tadmor, ließen es jedoch in Ruhe. Die Aramäer wurden in einem neuen Sinne »Mittelsmänner«. Sie standen nun zwischen zwei rivalisierenden Reichen: dem der Perser im Osten und dem der Römer im Westen. Beide waren erbitterte Feinde und führten immer wieder gegeneinander Krieg. Tadmor schlug abermals Gewinn daraus. Durch Verträge wurde es Bestandteil des römischen Imperiums, andererseits war es bedeutend genug, um wenigstens einen Rest von Unabhängigkeit zu bewahren. Tadmor blieb friedlich und neutral, bis schließlich Ehrgeiz seiner Bewohner zum Krieg und zur Katastrophe führte.

Inzwischen hatte sich auch der Name der Stadt geändert. Die Römer verwechselten zwei semitische Wörter miteinander und hörten aus »Tadmor« die Bezeichnung »Palmenstadt« heraus – kein Wunder, denn die Oase war voller Palmen. So wurde aus Tadmor »Palmyra«, und um diesen Namen rankt sich nicht weniger Romantik als um den eigentlichen, älteren Namen dieser Siedlungsstätte.

Die ganze Zeit über unterhielten die Palmyrener denkbar freundliche Beziehungen zu den Römern. Hadrian besuchte die Stadt 129/130 n. Chr. und beehrte sie mit dem Privileg, seinen eigenen kaiserlichen Namen zu führen. So wurde Palmyra zu Palmyra Hadriana. Septimius Severus erhob es zur römischen »Kolonie« mit allen Vorrechten, die dies mit sich brachte.

Dann kamen Caracalla, Elagabal und Severus Alexander an die Macht. Die Soldaten waren die wirklichen Herren im Reich und stürzten nach ihrem Belieben, wie wir sahen, die Mächtigen des Reiches. Nach Severus Alexander ging der Verfall rascher vor sich, bis schließlich vollkommenes Chaos herrschte.

Die Palmyrener erhoben sich, unterlagen, und ihre Stadt sank in Trümmer. Zwar wurde sie wieder aufgebaut, doch das Glück hatte sie verlassen. Der Handel ging zurück, die Einwohner zogen fort. Mohammeds Anhänger nahmen die Stadt ohne einen Schwertstreich. Die gewaltigen Steinbauten dienten nunmehr als Steinbrüche. Der Haupttempel wurde Festung und Moschee, und die Welt vergaß Palmyra. Treibsand aus der Wüste bedeckte es, die Palmen verdorrten. Schließlich bestand Palmyras Einwohnerschaft nur noch aus einer Handvoll Beduinen, die in jämmerlichen Hütten zwischen den Ruinen hausten.

Hier wurden sie von europäischen Reisenden aufgestöbert, die vorüberzogen. Es waren nicht viele Reisende, denn die Handelsstraßen verliefen längst anderswo. Ein Italiener, Pietro della Valle, sah Palmyra im 17. Jahrhundert. 1630 kam der große Reisende Tavernier, später einige englische Kaufleute. Die Beduinen schlossen sie ein und verlangten Lösegeld.

Dann, im 18. Jahrhundert, erwachte in Europa das Interesse an der Vergangenheit. Die Archäologie unternahm ihre ersten Gehversuche, und Erzählungen von der im Sande versinkenden, verlassenen Stadt ließen die Forscher aufhorchen. Expeditionen zogen aus, Grabungen begannen, die Moschee wurde niedergerissen, Inschriften entziffert. Dennoch umgibt etwas Geheimnisvolles seine Ruinen. Sie scheinen nicht wirklich, wie etwa die Ruinen von Leptis Magna oder Timgad. Sie erheben sich aus der Wüste wie eine stehengebliebene Filmkulisse. Vielleicht haben die Araber recht, wenn sie behaupten, diese Geisterstadt sei nicht von Menschen, sondern von einem Dschinn geschaffen worden.

Der Besucher nähert sich Palmyra in einer flachen Bodensenke. Sie wird von Gräbern flankiert, und diese erzeugen von Anfang an jenes seltsame Gefühl, das man nie wieder los wird. Nicht, daß es irgend etwas Bizarres in Palmyra gäbe. Seine Ruinen wirken nicht unbegreiflich, wie etwa mexikanische Ruinen. Aber man fühlt: Alles ist hier eine Spur anders. So viele Ruinenstätten man auch besichtigt hat – keine ist wie diese. Zum Beispiel die Gräber. Es sind Steintürme, einige niedrig, andere hoch und massig. Sie haben kleine Fenster wie mittelalterliche Burgen in Italien. Doch sie sind grimmiger, abweisender als Italiens Türme. Kein Wunder, denn es sind Totenburgen.

Wie es scheint, bestatteten die Palmyrener ihre Toten in der Erde. Jede Familie, die es sich leisten konnte, ließ eine Katakombe mit Nischen und Sockeln, auf die die Leichen gelegt wurden, in den Fels hauen. Als die Katakomben der Christen voll waren, grub man Stollen und Gänge, um sie zu erweitern. Die Palmyrener jedoch wollten etwas Größeres als Maulwurfshöhlen. So errichteten sie über den Katakomben Türme und schmückten sie mit Malereien und Skulpturen. Auch hier gab es Sockel und Nischen, so daß der Turm eine Art Appartementhaus für Verstorbene wurde. Und wie andere Appartementhäuser erwies er sich in schwierigen Zeiten als nützlich. So fand man in einem dieser Türme eine Inschrift, wonach die Besitzer, eine palmyrenische Familie, das Obergeschoß verkauften – und zwar zu einer Zeit, von der wir aus anderen Quellen wissen, daß sie eine Phase der finanziellen Flaute war. Alle Palmyrener mit Geld setzten ihren gesamten Ehrgeiz darein, einen Turm zu besitzen, dessen Größe Statussymbol war. Einer der Grabtürme hatte Bestattungsplätze für 400 Leichname, andere waren von bescheidenerem Zuschnitt, blieben jedoch unvollendet: Ihren Eigentümern waren die Mittel ausgegangen. Andere Grab-Besitzer wiederum verschwendeten ihr Geld für Relieffriese und Malereien. Besonders reich ausgestattet ist das sogenannte »Grab der drei Brüder«. Der Stil fasziniert den Betrachter, und dies gilt für die gesamte palmyrenische Kunst.

Steigt man die Talflanke hinan, so liegt ganz Palmyra einem zu Füßen. Nun sieht es aus wie das Skelett eines unvorstellbar großen Urweltungeheuers, dessen Knochen aus dem Sand ragen. Man meint, ein langes, leicht gekrümmtes Rückgrat zu erkennen, eine Andeutung zerbrochener Gliedmaßen und in einiger Entfernung das Schädelskelett. Die »Knochen« sind Säulen – Hunderte von Säulen. Einige liegen am Boden, andere stehen noch in Reih und Glied. Man blickt genauer hin, etwas länger, und der Eindruck eines monströsen Skeletts schwindet. Man unterscheidet Straßen, Plätze, überall Steinwirrwar. Die Araber machen einen Dschinn dafür verantwortlich, und so scheint es fast – einen störrischen Dschinn, der die Geduld verlor, nachdem er Säule um Säule in den Sand gesteckt hatte. Wütend stampfte und trat er um sich und trampelte fast alles wieder nieder, bis er, müde vom Toben, in seine Flasche oder Lampe zurückkehrte. Dann wehte Sand. Jahrhundertelang. Und der Sand wehte das Wirrwar zu, doch noch blieb genug – gerade genug – sichtbar, um zu zeigen: es war eine glänzende Stadt, die der Dschinn hier einst geschaffen und dann wieder verwüstet hatte.

Palmyras Ruinen sind weit verstreut, aber gerade das macht ihren einzigartigen Reiz aus. Überall sonst haben Archäologen gegraben – das ist ihre Aufgabe. Und größtenteils haben sie nur die leeren Gehäuse von Wohnungen und Läden zurückgelassen. Die durch die Jahrhunderte ragenden großen, monumentalen Baudenkmäler umgibt so ein immer unüberschaubareres Gefilz von Gevierten ohne Dächer, aus denen alles, was irgendwie von Interesse wäre, verschwunden und in Museen gelandet ist. Zwangsläufig tut dies der Großartigkeit der bedeutenderen Ruinen Abbruch. Nichts von alledem in Palmyra. Es wurde vergleichsweise wenig von Forschern durchstöbert. Von den Beduinenhütten abgesehen, sieht es heute kaum anders aus als damals, als die ersten europäischen Reisenden der Neuzeit hierherkamen. Ja, man kann sich bisweilen vorstellen, man selbst habe die Stadt soeben erst entdeckt. Längs durch die gesamte Stadt zieht sich – als »Wirbelsäule« des »Urweltungeheuers« – Palmyras berühmtestes Bauwerk: die große Säulenstraße. Sie ist mehr als tausend Meter lang, und eine große Anzahl ihrer Säulen steht noch. Es sind gewaltige Monumente – mehr als neun Meter hoch und fast einen Meter dick. Sie stehen so eng beieinander wie die

Stadtplan von Palmyra. Die Stadt ist planmäßig angelegt. Die von Westen nach Osten verlaufende Hauptstraße führt auf den Beltempel zu, an der Straße liegen auch die Agora und ein kleines römisches Theater.

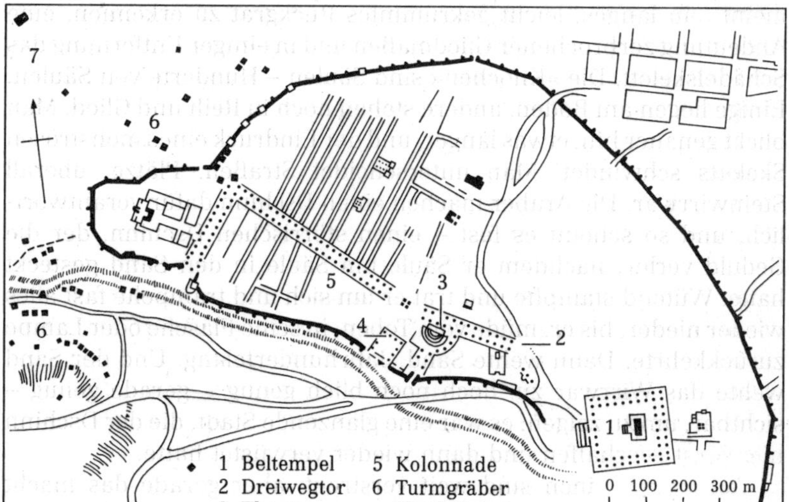

Säulen der Kolonnade Berninis vor dem Petersdom in Rom. Ihre Kapitelle sind reich im korinthischen Stil skulptiert, aber stark von Sandstürmen abgeschliffen. Darüber hinaus hat der Treibsand einige ihrer Basen abgehobelt, verschluckt und ihnen so ein höchst zerbrechliches Aussehen gegeben. Man meint, der nächste Windstoß könne sie umwerfen. Etwa auf halber Höhe trägt jede Säule eine vorspringende Konsole. Hier standen einst Statuen besonders berühmter Bürger. Nichts mehr ist von ihnen geblieben, doch dieser unvorstellbar gewaltige Säulengang ist ein bleibendes Denkmal ihres Reichtums.

Die Straße »lebte«. Sie ist nicht, gleich den Straßen von Timgad, wie mit einem Lineal gezogen. Die lange Gerade ist unterbrochen und durch einen wohltuenden Knick aufgelockert. Zwei Tore ziehen den Blick auf sich. Das eine ist bis auf die Grundmauern verschwunden, doch das andere steht noch in voller Anmut. Es ist ein Dreiwegtor mit einem (Haupt-)Bogen in der Mitte und zwei seitlichen (Neben-) Bögen. Beiderseits der Säulengänge befanden sich einst Läden und Handelsagenturen. Leicht kann man sich die Straße mit all dem Getriebe, dem Lärm, dem Lachen und dem Gezänk vorstellen wie die Gerade Straße im nahen Damaskus. Nur – mit all den Säulen, den Statuen und den reichgeschmückten Kapitellen muß dies hier einen sehr viel nobleren Eindruck gemacht haben. Am Ende der Kolonnade – das heißt: nicht genau am Ende (wir sind nicht in einer römischen Stadt!), sondern ein wenig abseits – liegt der große Beltempel. Aus einiger Entfernung bietet er den gewohnten Anblick, jedenfalls für den, der die Tempel Roms, Siziliens und Griechenlands gesehen hat. Er hat die bekannten Säulen rings um die *cella* hoch oben auf der Plattform, und sie scheinen recht zahlreich zu sein. Hat man die Stufen erklommen und streift durch die Ruinen, fühlt man sich jedoch fremd. Man kennt sich nicht mehr aus.

Zwar hat man die üblichen Säulen mit ihren Kapitellen vor sich, aber ihre Anordnung wirkt ungewohnt.

In griechischen und römischen Tempeln herrscht eine freie Atmosphäre. Sie sind offen. Durch ihre Säulen weht gewissermaßen »frischer Wind«. Sie laden den Frommen zum Betreten ein, nachdem er draußen zugesehen hat, wie auf dem Altar vor dem Tempel die von ihm mitgebrachte Gabe geopfert wurde. Zwar galt der Tempel als Haus Gottes, doch war er ein offenes Haus. Hier, im

26 Der römische Kaiser Commodus
(180–192/193 n. Chr.) im Kostüm des Herakles
mit Löwenfell über Kopf und Schultern
und Keule, Marmorbüste, um 190 n. Chr.
Rom, Musei Capitolini.

⇈ 27 Büste des alternden Mark Aurel (161–180). Rom, Museo Nazionale delle Terme.

⇗⇗ 28 Kopf des Septimius Severus (193 bis 211) von einer Marmorstatue im Severertempel in Djemila (Algerien). Kaiser Septimius Severus war aus Leptis Magna gebürtig.

↖ 29 Aureus mit dem Porträt des Kaisers Didius Julianus, März–Juni 193 n. Chr. London, British Museum

30 Prätorianer in Waffen,
Relief aus der Zeit Hadrians, 2. Jh. n. Chr.
Von der Macht der Garde waren
die römischen Soldatenkaiser abhängig.
Paris, Louvre.

31 Septimius
·verus und seine Gattin
lia Domna beim
ofer, Relief am
·verusbogen auf dem
·rum Romanum,
)3 n. Chr. Der Bogen
ırde von Volk und
·nat aus Anlaß
·s zehnjährigen
·gierungsjubiläums
stiftet.

32 Marmorbüste
·s Caracalla
11–217 n. Chr.),
n 211. Berlin (Ost),
aatliche Museen,
ıtikenabteilung.

33 Aureus mit
m Porträt
ıiser Elagabals
18–222 n. Chr.).
·ndon, British
ıseum.

34 Rückseite
s Aureus Elagabals:
·r heilige Stein aus
nesa – hier als
ller dargestellt –
rd beim Einzug des
ıisers in Rom
erlich mitgeführt
gl. Abb. 33).

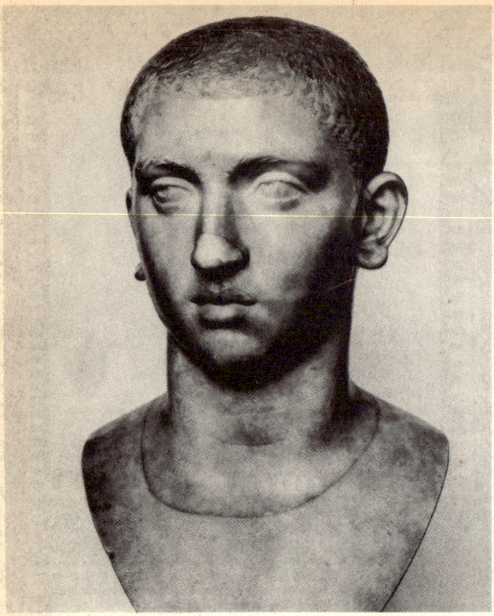

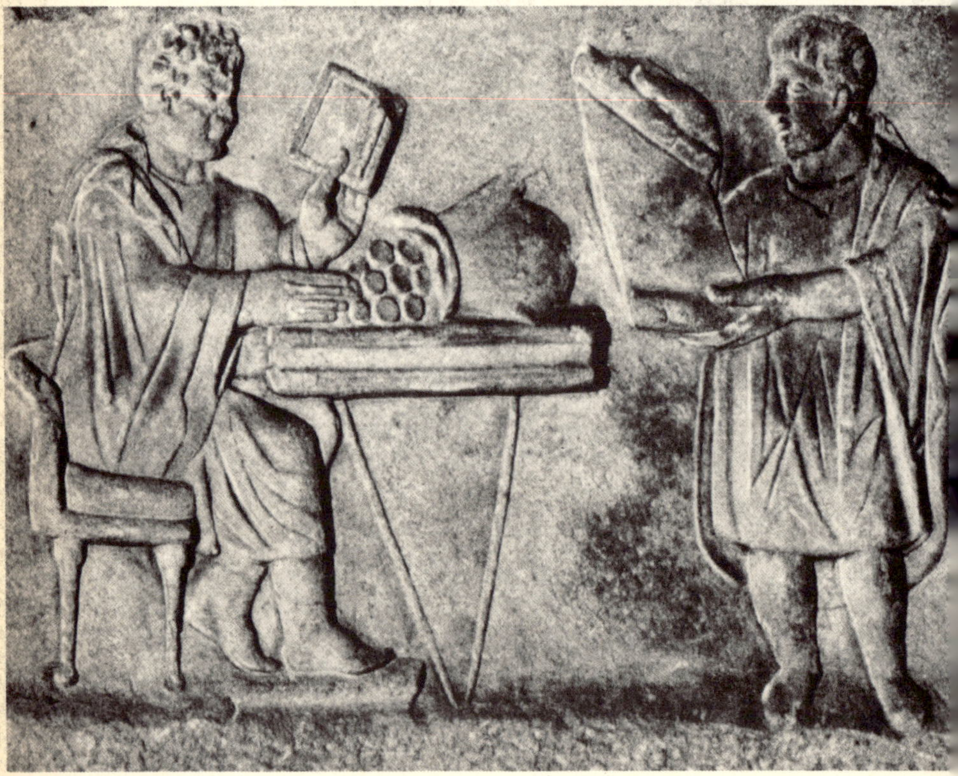

⇈ 35 Marmorbüste des jugendlichen Kaisers Severus Alexander (222–235 n. Chr.). Paris, Louvre.

⇗ 36 Porträtbüste des aus dem Heer hervorgegangenen Kaisers Maximinus Thrax (235–238 n. Chr.). Paris, Louvre.

↑ 37 Steuereinnehm
bei der Arbeit,
Stele des 2. Jhs. n. Ch
aus Kostolac. Belgrad,
Narodni Muzej.

38 Athleten und ihre Trainer,
Bodenmosaik in den Caracallathermen in Rom,
211–217 n. Chr. Rom, Lateranmuseum.

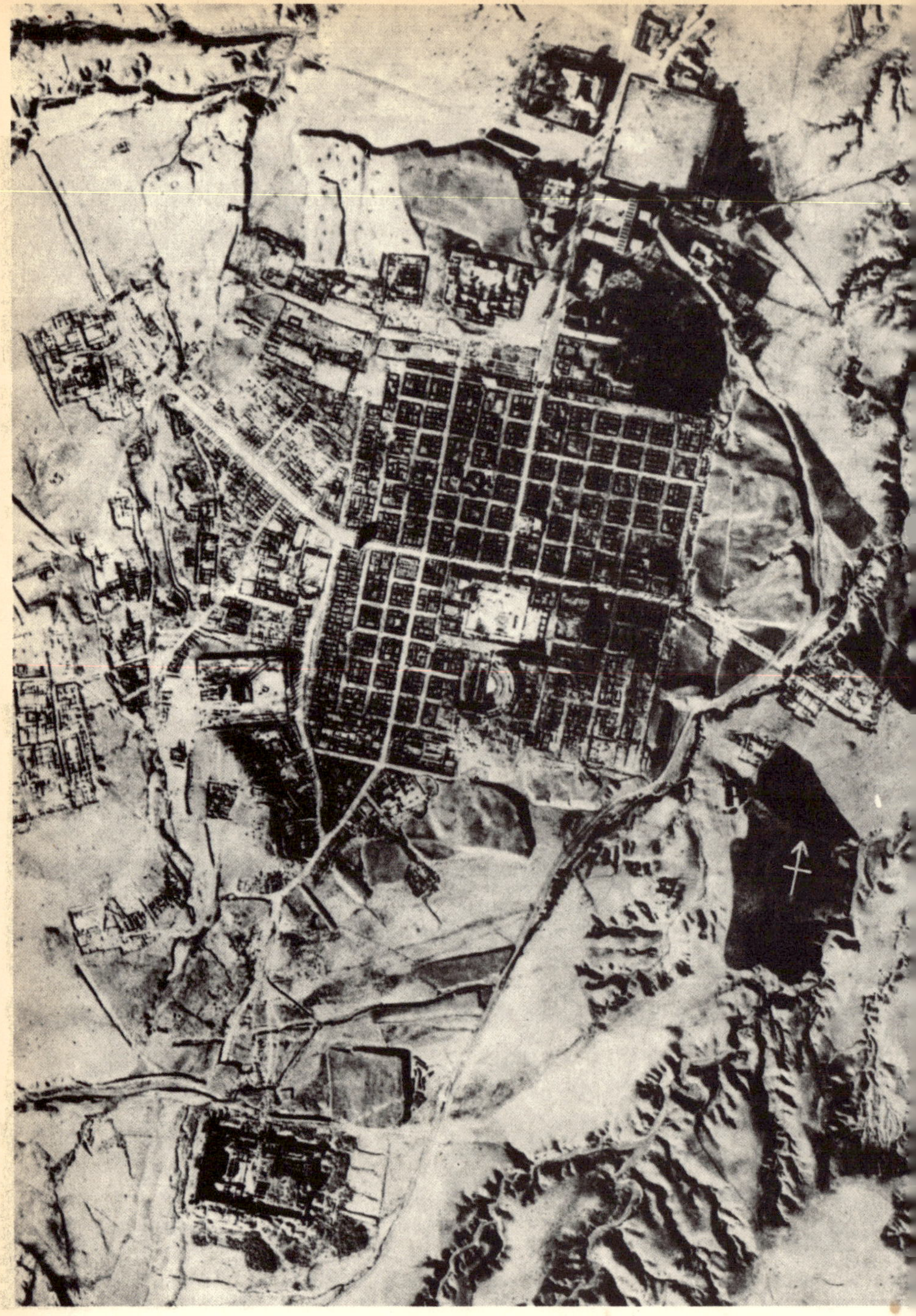

39 Luftaufnahme von Timgad (Algerien). Das regelmäßige Straßenraster der um 100 n. Chr. von Trajan gegründeten Garnison ist ein Musterbeispiel einer römischen Militärstadt.

⇈ 40 Zwei sich rechtwinklig kreuzende Straßen in Timgad. Das alte Straßenpflaster aus bläulichen Kalksteinplatten ist noch erhalten.

↑ 41 Timgad, Triumphbogen des Kaisers Trajan, um 100 n. Chr.

– 42 Palmyra, die
ɿielgeschossigen Grab-
ürme am Stadtrand.
Ɔiese Form der Fami-
iengräber war charak-
eristisch für Palmyra.

↙ 43 Luftaufnahme
ɿon Palmyra mit der
angen, von Kolonnaden
gesäumten Hauptstraße,
lie auf den Beltempel
zuführt.

→ 44 Palmyra, Relief
m Hof des Beltempels.
n der Mitte der Haupt-
gott Bel, daneben
Iarhibol und Aglibol,
Sonnen- und Mondgott.

↓ 45 Palmyra, die
Cella des Beltempels,
wo das Kultbild auf-
gestellt war, 32 n. Chr.
geweiht.

46 Palmyra,
die Säulen der großen Kolonnade
an der Hauptstraße.

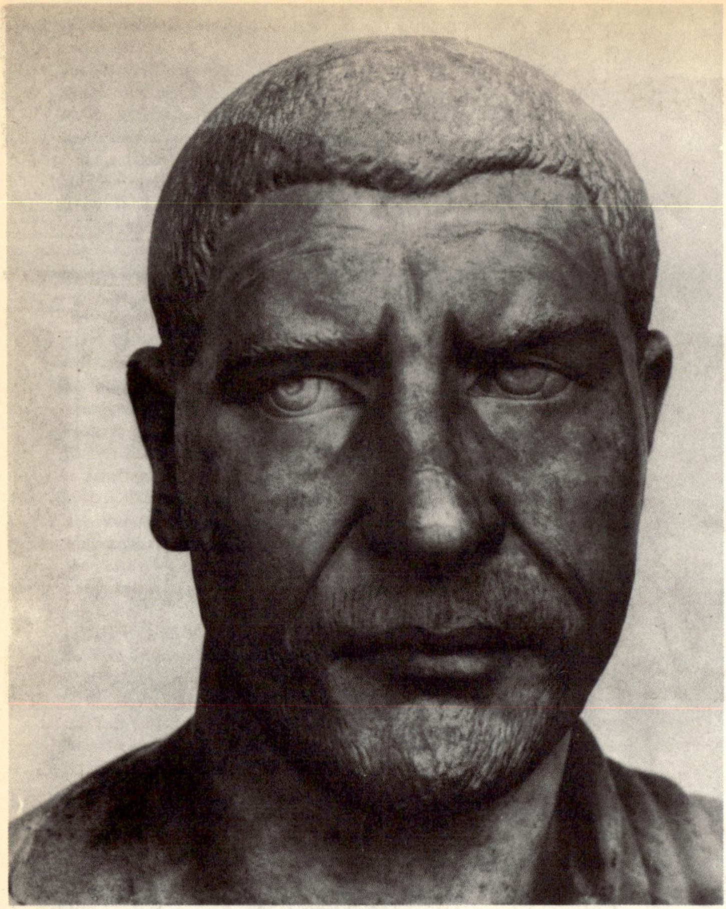

← 47 Porträtbüste de
Kaisers Philippus Arab
(244–249 n. Chr.)
aus Porcigliano. Rom,
Vatikanische Museen.

↙ 48 Alexandrinisch
Münze mit dem Porträ
der Zenobia (267–271
n. Chr.), Fürstin
von Palmyra. London,
British Museum.

↓ 49 Münzporträt
des Vaballath, des
minderjährigen Sohne
der Zenobia, um 270
n. Chr. London, Britis
Museum.

→ 50 Relieffragme
palmyrenisch
Krieger, 2. Jh. n. Ch

⇉ 51 Palmyra, d
reichdekorierte »Gr
der drei Brüder

↘ 52 Bildnis ein
Ehepaares auf eine
Grabstein aus Palmyr
um 130–150 n. Ch

53 Petra, die stockwerkartigen Felsengräber. Die in den Felsen gehauenen Nekropolen, zum Teil mit ausgearbeiteten Fassaden, sind die berühmtesten antiken Ruinen der ehemaligen Handelsstadt.

Tempel einer semitischen Gottheit, befinden wir uns in einer anderen Welt. Schreitet man durch die Ruinen und studiert den Plan, so begreift man: Dieser Tempel war eine verborgene Stätte. Hier wohnte ein Geheimnis. Eine mit Pilastern geschmückte Mauer umgab ihn, durchbrochen von drei Pforten. Ein großer Teil wurde von den arabischen Eroberern abgetragen, die den Tempel in eine Festung verwandelten. Noch immer sieht man eine aus den antiken Mauertrümmern errichtete mittelalterliche Bastion. Doch schon damals, als er noch unversehrt war, muß dieser Tempel den Eindruck einer Festung hervorgerufen haben. Wir sind weit vom Parthenon entfernt und den geschlossenen Höfen des Salomonischen Tempels in Jerusalem viel näher. Den Göttern, die in diesen Heiligtümern des Ostens thronten, begegnete man mit größerer Scheu als je Griechen oder Römer ihren Göttern. Und wenn man in Gedanken Stück für Stück zum vollständigen Tempel zusammenfügt, wird einem immer klarer, warum der Syrer Elagabal rückwärts vor seinem konischen Stein einherschritt, als er ihn nach Rom brachte. Innerhalb der Mauern gab es an allen vier Seiten Säulen, an drei Seiten sogar Doppelreihen mit breitem Zwischengang. Nur eine Reihe befand sich an der Front. Viele der Säulen stehen noch, und auf den ersten Blick erwecken sie den Eindruck, der Tempel zu sein. Ihre Kapitelle sind roh, wie unfertig. Doch tatsächlich waren die üblichen Akanthusblätter auch hier vorhanden. Die Palmyrener waren nur reich genug, sich Blätter aus Bronze zu leisten – eine willkommene Beute für spätere Eroberer!

Inmitten all dieses Glanzes die *cella,* das eigentliche Heiligtum. Ihre Front zieren vorzüglich gearbeitete Reliefs. Eines davon muß die Phantasie der islamischen Eroberer angeregt haben, denn es zeigt verschleierte Frauen.

Sie sind mit starken, geschwungenen Linien dargestellt, die spiralig auslaufen. Auch dies verstärkt den Eindruck der Fremdheit. Kein griechischer, kein römischer Bildhauer hätte derart abstrakte Bildwerke geschaffen. Unwillkürlich denkt man an Arp oder Brancusi.

Im Innern befindet sich eine Nische für die Statue des Bel, daneben zwei Nischen für seine Kultgenossen: Jarhibol, den Sonnengott, und Aglibol, den Mondgott. An der Decke einer Nische ein kreisrundes Reliefband mit Figuren: die bekannten Tierkreiszeichen. Welche Rolle die Astrologie in der Religion der Palmyrener spielte, ist unbekannt. Aber Essen spielte eine Rolle. Von Zeit zu Zeit veranstalteten die Belspriester ein Bankett zu Ehren des Gottes. Für das Essen sorgten die Palmyrener in Form von Opfertieren. Noch immer liegen die Stufen dort, wo man sie hinlegte. An die angeseheneren Bürger wurden »Eintrittskarten« ausgegeben. Sie waren sehr gefragt. Waren alle Honoratioren beisammen, trug man das Götterbild in feierlicher Prozession durch die Säulenhallen. Dann begann das Festmahl. Da es an so heiliger, geheimnisumwitterter Stelle stattfand, war es wohl kaum sehr kurzweilig. Bel war wohl – wie Tanit in Karthago – eher eine furchterregende Gottheit.

Nach so langem Verweilen in den massiven Ruinen des Beltempels wirkt die große Kolonnade weit weniger skeletthaft. Wir finden ein Theater. Es ähnelt dem in Leptis Magna, ist jedoch stärker zerstört. Der Sand hat sein Werk getan. Alle Konturen sind abgeschliffen. Daneben wieder Ruinen von Kühnheit und Größe.

Hier liegt die Agora, der Markt. Mauern umgeben ihn, ihrerseits von einem *porticus* flankiert. Viele Säulen stehen noch, auch hier jede mit einer Konsole für die Statue einer Berühmtheit. Die Statuen sind verschwunden, geblieben sind Inschriften. An der Ostseite standen berühmte Senatoren, an der Westseite bekannte Truppenkommandeure. All dies paßt noch nach Rom. Doch die Südseite zeigt: Wir befinden uns in einer anderen Welt – hier standen Statuen von Karawanenführern!

In Rom wäre dies undenkbar. Rom wäre ohne seine Kaufleute gestorben, und tatsächlich war es mit Rom vorbei, als Kauffahrer nicht mehr in Ostia, sondern in Byzanz festmachten. Doch nie räumte Rom einem Kaufmann einen Platz zwischen Senatoren und Militärs ein. Es war – und ist noch – ein zählebiges Vorurteil. Nicht einen einzigen Handelspionier findet man zwischen all den Königen, Politikern und Heerführern, mit deren Grabsteinen Westminster Abbey übersät ist, wo sogar Poeten ihre Ecke haben, nicht eine einzige Statue eines Geschäftsmannes auf den Rasenflächen von Washington, obwohl Amerikas *business* Amerikas Größe ist. Hier, in Palmyra, wurden solche Leute geehrt, und alle fanden es in Ordnung. Es ist, als ob man zwischen Lincoln- und Jefferson-Memorial einen neuen klassizistischen Tempel bauen sollte, diesmal für den Vater der größten Karawane aller Zeiten: Henry Ford. Leider blieben die

Palmyrener nicht bei ihrem Gemeinsinn. Die Ruinen der Agora sind nicht das Werk von Feinden, sondern das Ergebnis eines Anfalls von Heldentum. In Palmyra brach ein Aufstand aus. In einem verzweifelten Versuch, ihre Stadt zu verteidigen, rissen sie die Agora selbst ein. Von dieser Revolte und ihrer Anführerin werde ich noch berichten.

Am äußersten Ende der großen Kolonnade, ganz am Stadtrand, erhebt sich das wohl beredteste Monument Palmyras, nicht wegen seiner Größe, sondern wegen seiner Dramatik. Aus einem Wirrwar zu Boden gestürzter Blöcke ragt hier die Fassade eines Tempels mit zerschmettertem Giebelfeld hervor. Dahinter nichts. Man blickt einfach hindurch auf eine Anhöhe, die alles Menschenwerk winzig erscheinen läßt. Oben eine türkische Festung, von den Moslems erbaut, die Palmyra eroberten. Sie hockt dort im Sonnenglast wie ein Raubtier über seinen Beuteknochen. Die Säulen gehören zu einem Totentempel. Man hielt hier Gedächtnismähler zu Ehren von Verstorbenen ab. Die Trümmer wirken trostlos, bis man zwischen die geborstenen Blöcke blickt oder sich die einzige noch stehende Säule näher ansieht. Erst jetzt erkennt man den Reichtum der Dekoration. Überall Reliefs von pflanzlichem Rankenwerk. Eine Art wohlgeordneter Dschungel. Römer und Griechen verstanden es, derartige Reliefs sehr dezent zu gestalten. Hier wirken sie schwelgerisch. Man wollte nicht einfach schmücken, nein, der Betrachter sollte förmlich in die Knie gehen. Vielleicht hätten wir ein ähnliches Gefühl, wenn wir die klassischen Tempel im Originalzustand mit ihren bemalten Figuren, ihren vergoldeten Dachziegeln und all ihrem Bronzezierat sähen.

Die besten der zahlreichen Porträtstatuen befinden sich in den Museen von Palmyra oder Damaskus. Andere sind an der Fundstätte verblieben. Gemeinsam ist allen ihre Plastizität. Die Meißelschläge sind tief, die Formen weich, fast üppig. Die formelhaft starren Augen haben einen direkten Blick. Die Kopfhaltung wirkt nie demütig, bei Frauen sogar eher arrogant. Die meisten Frauen tragen sorgsam wiedergegebenen, schweren Schmuck. Sie erinnern an jene weiblichen Wesen, die bei Premieren der Mailänder Scala glitzern. Auch sie haben Geld, und man soll es sehen. Doch diese Statuen dienen nicht nur der Zurschaustellung. Ihr Blick wirkt hypnotisch. Anfangs ist man geneigt, dies als provinzielle Ungeschicklichkeit des Bildhauers auszulegen, doch dann beginnt man, sich zu erinnern. Man diesen »hieratischen« Blick schon einmal gesehen. Aus der Erinnerung tauchen die großen byzantinischen Mosaiken von Ravenna, und Monreale auf. Dort erfuhr dieser Stil seine Vollendung. Es gab keine andere Möglichkeit, Christus, den Pantokrator (»Allherrscher«), oder den Kaiser und die Kaiserin von Byzanz darzustellen. Die klassische Kunst Griechenlands und Roms ging unter. Als das Licht der Kultur erneut aufglomm, gingen die Künstler bei den Byzantinern in die Schule. Bis zu Beginn der Renaissance die klassischen Ideale wiederbelebt wurden, hatte Europas Bildhauerei, wenn auch unbewußt, ihre Wurzeln hier in Palmyra.

7.2 Ausblick aus Palmyra

Was sahen diese an Bequemlichkeit gewohnten reichen Leute, wenn sie im Jahre 238 n. Chr. Umschau hielten? Sie waren Teil des *Imperium Romanum,* doch dieses Reich war nicht mehr, was es einst gewesen war, als Hadrian Palmyra seinen kaiserlichen Namen zu führen gestattete. Regiert wurde es nunmehr von Maximinus, jenem Kraftprotz, der einst Septimius Severus so imponiert hatte, oder – und dies kommt der Wahrheit näher – von den Soldaten. Der Kauf des Thrones durch Bestechung der Legionen war nun ganz offiziell an der Tagesordnung. Das Ergebnis war, daß nun erstmals ein Barbar über das Reich herrschte. Maximinus war ungebildet. Man könnte sich vorstellen, daß er, erst einmal im Besitz der Macht, wenigstens versucht hätte, seine Lebensweise zu ändern. Er aber dachte nicht daran. Im Gegenteil: Wie ein echter Bauer hegte er einen erbitterten Haß gegen alles Urbane. Ein Bauer muß sich bescheiden, doch der Kaiser hatte Gewalt über Leben und Tod. Maximinus nutzte das aus. Aus dem geringsten Anlaß oder auch völlig grundlos ließ er Senatoren und alle anderen Männer abschlachten, die gebildeter waren als er. Er war ein erbarmungsloser Tyrann, und dies aus blankem Neid. Er war so stark, daß er mit einem einzigen Fausthieb einem Pferd das Bein brechen konnte, und es war sein ganzer Ehrgeiz, für diese Fähigkeit gelobt zu werden. Er brauchte Geld und immer mehr Geld, um seine Soldaten zufriedenzustellen, so wie alle Kaiser, nachdem Septimius Severus einmal dazu den Auftakt gegeben hatte. Doch er trieb die Summen, die er benötigte, mit solcher

Brutalität in den Provinzen ein, daß eine dieser Provinzen, Africa, es nicht länger ertragen konnte und sich offen gegen Rom erhob.

Und wenn die Palmyrener über die Reichsgrenzen hinausblickten, so bemerkten sie: Eine neue, energische Dynastie, die Sassaniden, hatte die Herrschaft über die weiten Gebiete des Perserreiches an sich gerissen. Das verhieß nichts Gutes für Palmyra. Die Sassaniden schworen, die Römer aus Syrien ins Mittelmeer zu werfen, und bei ihrer riesigen Armee schien dies durchaus nicht unmöglich. Als gute Kaufleute verdarben es die Palmyrener nicht mit ihnen. Aber sie blieben wachsam. Sie hatten ihre Handelswege zu schützen, und wie es schien, wollten die Sassaniden diese blockieren. Sie leiteten den Handel um und zweigten so die bisher den Palmyrenern zugeflossenen Einnahmen aus dem Zwischenhandel in die eigene Tasche ab. Um diese Bedrohung abzuwenden, bedurfte es einer Armee, die der persischen zahlenmäßig gewachsen war, und nur Rom hatte eine solche Armee. Inzwischen kamen und gingen die Karawanen, und die Palmyrener bezahlten ihre Steuern an den Barbaren auf dem Kaiserthron.

Die aufständischen Afrikaner hatten einem alten, ehrenhaften Mann das Amt des Kaisers zugedacht. Er flehte sie an, ihm nicht diese lebensgefährliche Last aufzubürden. Doch unter dem Druck der Rebellen gab er schließlich nach. Der Senat in Rom handelte ausnahmsweise entschlossen. Es blieb ihm auch kaum etwas anderes übrig, denn den Senatoren war klar: der Halbwilde auf dem Kaiserthron würde ihr aller Ende bedeuten. So erklärten sie den Ehrenmann aus Afrika und seinen Sohn für die rechtmäßigen Inhaber der Kaiserwürde. Damit gingen Gordian I. und Gordian II. in die römische Herrscherliste ein. Ihre Regierung sollte nur 22 Tage dauern. Gordian I. versuchte, einen bestechlichen Statthalter von Numidien seines Amtes zu entheben. Als dieser sich widersetzte, zogen Gordian und sein Sohn gegen ihn ins Feld. Gordian II. fiel in der Schlacht, und sein Vater beging in seiner Verzweiflung Selbstmord. Was nun folgte, ist geradezu schwindelerregend. Allerdings beleuchtet es hervorragend den Zustand, in dem das Reich sich befand. Als Maximinus von der Machtergreifung der Gordiane gehört hatte, ergriff ihn die Wut, und er brach mit seinem Heer nach Italien auf – und nach Rom, das er bisher noch keines Besuches gewürdigt hatte. Der Senat bestimmte in aller Eile zwei neue Kaiser aus seinen eigenen Reihen, Pupienus und Balbinus. Für die römische Bevölkerung war nun wieder dies Anlaß zu Wutausbrüchen, sie randalierte. Die Soldaten schlossen sich den Aufrührern an. Als die beiden neugebackenen Kaiser zum Jupitertempel auf dem Kapitol gingen, um dort die vorgeschriebenen Opfer darzubringen, stürmte die Menge den Hügel und forderte einen anderen Gordian. Tatsächlich existierte ein solcher – der Enkel des Alten. Der eingeschüchterte Senat ließ ihn holen und ernannte ihn zum Caesar – ein zusätzlicher Titel zum eigentlichen Kaisertitel, der ihm die Amtsnachfolge sicherte, sofern in jenen unruhigen Zeiten überhaupt noch etwas sicher war. Inzwischen hatten der wutentbrannte Maximinus und sein Heer Italien erreicht. Sie belagerten die Stadt Aquileia. Deren Einwohner blieben loyal, allerdings ist schwer zu sagen, gegen wen. Vielleicht gegen das Andenken einer längst entschwundenen Größe Roms. Jedenfalls leisteten sie erbitterten Widerstand. Maximinus' Soldaten hatten nur noch knappe Lebensmittelvorräte – und dann traf sie ein zusätzlicher Schlag: die Pest brach unter den Truppen aus, in der Folgezeit eine sogar noch schrecklichere Geißel als Prätorianer und Kaiser. In äußerster Verzweiflung nahmen die Soldaten Zuflucht zu jener einzigen politischen Handlung, an die sie gewöhnt waren – sie ermordeten Maximinus.

Fürs erste schien damit alles in Ordnung. Das Reich war nun in der Hand zweier zivilisierter Männer (Balbinus war sogar ein Poet), die ganz legal vom Senat ernannt worden waren. Und man hatte *zwei* Kaiser gewählt, weil man hoffte, jeder werde den anderen in Schach halten, so daß keiner von beiden eine neue Willkürherrschaft errichten konnte. Alles sah nach einem vernünftigen Arrangement aus, und zumindest schien es so, als ob Vernunft die Oberhand bekommen werde. Doch ein vernünftiges Arrangement war das letzte, was die Soldaten wünschten. Sie hatten erfahren, wie Macht schmeckt, vom Geld ganz zu schweigen, und wollten weder das eine noch das andere verlieren. Sie waren es, die Kaiser machten, nicht der Senat. Und natürlich stritten sich die beiden Kaiser, ganz wie erwartet. Die Soldaten brauchten nur einen günstigen Zeitpunkt abzuwarten. Eines Tages, als ganz Rom sich bei einer der beliebten Massenunterhaltungen befand, drangen sie in den Palast ein. Die Kaiser hörten den Lärm, kamen aus ihren Gemächern, trafen aufeinander und debattierten, was zu tun sei. Natürlich stritten sie sich, aber nicht lange. Die Soldaten ergriffen sie, rissen ihnen die Kleider vom Leibe und trieben sie mit Schlägen und Beschimpfungen durch die Straßen Roms. Schließlich brachten sie sie um und ließen ihre blutigen nackten Leichname auf der Straße liegen.

Damit war der normale Zustand wiedergekehrt. Die Soldaten waren wieder an der Macht. Sie gingen daran, dem Reich einen neuen Herrn zu geben, und wählten nach langen Debatten Gordian III. Bei seiner Investitur war Gordian erst 13 Jahre alt. Es mag vielleicht seltsam erscheinen, daß die Legionäre ein Kind ausriefen, aber man sollte nicht vergessen: Die Gordiane waren sehr reich! Natürlich konnte ein Schulknabe nicht das Reich regieren. So lenkte eine Gruppe von Männern verschiedenster Herkunft – Verwandte des Kaisers, Freigelassene und ganz besonders Eunuchen – die Geschicke der Welt. Ein Mann tat sich besonders hervor: Timesitheus. Wahrscheinlich war er ehrlich und tatkräftig. Doch wenn er es war, lohnte es ihm die Geschichte dadurch, daß er fast ganz in Vergessenheit geriet.

Nun aber wurde die Aufmerksamkeit von Rom ab- und nach Syrien und dem Osten hingelenkt. Die Perser verfolgten mit aller Macht ihren Plan, die Römer ins Meer zu werfen. Sie bedrohten die Schlüsselposition Antiochien – es *mußte* etwas geschehen. Der junge Kaiser erklärte feierlich den Krieg, indem er die Pforten des Janus-Quirinus-Tempels öffnete, eine Zeremonie, die seit Jahrhunderten anzeigte: Rom stand im Begriff, seine gesamte Macht aufzubieten. Die Legionen mit dem jungen Gordian an der Spitze marschierten nach Syrien.

Timesitheus starb eines in Thronnähe seltenen Todes: an einer Krankheit. Was sich nun ereignete, ließ in Palmyra die Zungen nicht zur Ruhe kommen. Der Kaiser berief Julius Verus Philippus auf das vakante Amt des allmächtigen Prätorianerpräfekten. Der latinisierte Name läßt nicht mehr erkennen, warum man dermaßen überrascht war. Philippus war Araber. Voller Abscheu bemerkt der Historiker Edward Gibbon, dies bedeute, Philippus sei seiner Herkunft und Erziehung nach Räuber gewesen. Tatsächlich beraubten Araber Karawanen, die kein Schutzgeld gezahlt hatten. Aber sie führten auch Karawanen durch die Wüste. Ihre Tüchtigsten hatten Ehrenplätze an den Säulen des Marktes von Palmyra. Ein Nachkomme dieser Männer regierte nun an der Seite des Kaisers die Welt.

Das hieß freilich: an der Seite eines Knaben – und umgeben von einem schlagkräftigen Heer. Als einige Nachschubtransporte nicht ankamen, sah Philippus seine Chance. Er machte den Truppen weis, der Nachschubmangel sei nur die Folge von Gordians Unfähigkeit, dabei hatte Philippus möglicherweise selbst dafür gesorgt, daß dieser Versorgungsengpaß eintrat. Die Soldaten nahmen, wie immer, die Sache selbst in die Hand. Sie ließen in dem Jungen keinen Zweifel aufkommen, was sie gegen ihn im Schilde führten. Als er merkte, was sich zusammenbraute, verlegte er sich aufs Bitten. Er bat die Soldaten, ihn zu schonen. Er bot an, sich zum Caesar oder gar zum Präfekten degradieren zu lassen, doch für Kommißköpfe war das zu kompliziert. Man tötete ihn. Philippus, der als Philippus Arabs (»Philipp der Araber«) in die Geschichte einging, wurde zum neuen Herrscher ausgerufen. Er hatte sein Bestes getan. Er hatte die Truppen gebeten, den Knaben zu schonen. Diese jedoch hatten zwar den unreifen Knaben erst auf den Thron erhoben, erklärten nun aber, er sei doch zu jung für so ein hohes Amt – ohne Zweifel waren sie der Auffassung, er habe zu wenig für das Wohlbefinden ihrer Wänste gesorgt. So gab Philippus selbst Befehl, den Jüngling zu töten, und schrieb an den Senat, Gordian sei eines natürlichen Todes gestorben. Der Senat bestätigte den Araber im Amt. Es blieb ihm nachgerade nichts anderes übrig. Philippus Arabs gab sich schließlich, zumindest nach außen hin, römischer als die Römer selbst. Den machtlosen Senat behandelte er mit jenem Respekt, der allenfalls dem ehrwürdigen Alter dieser einst so angesehenen Institution noch zukam, und er hielt die Säkularfeier ab – nicht nur mit großer Pracht, sondern auch getreu den alten Bräuchen.

Die Säkularspiele hatten ihren Ursprung in Roms Respekt vor seiner eigenen Geschichte. Sie wurden nur jedes hundertste oder hundertzehnte Jahr abgehalten, wie es die Sibyllinischen Bücher vorschrieben. Rom war nun ein Jahrtausend alt, daher hatte Philippus' Feier besondere Bedeutung.

Ganz Rom versammelte sich auf dem traditionellen Platz – unten am Tiber auf dem Campus Martius. Die Zeremonien fanden nachts bei Fackelschein statt. Ein Chor von 27 vornehmen Jünglingen und ebenso vielen Jungfrauen sang Hymnen, die die Götter anriefen, Roms Ruhm nicht sterben zu lassen und seinen Bürgern zu helfen, den Tugenden der Vorfahren treu zu bleiben. Alles war römisch bis ins Mark. Fremde waren nicht zugelassen, damit sie nichts durch ihre Anwesenheit verunreinigten.

Doch Fremde lauerten an allen Grenzen, um bald über Rom herzufallen, ja ein Fremder saß auf dem Thron der Caesaren. In Palmyra blieb dies keineswegs unbemerkt.

7.3 Das Reich bricht zusammen

Septimius Severus hatte den Rat gegeben, und nun kannten die Kaiser nur noch einen einzigen Gedanken: die Soldaten mußten bestochen, gekauft werden. Es war ein System, das die Armee schwächte und die Bürger ruinierte. Soldaten, die für jeden Mordanschlag im Gold wateten, waren im Felde nicht zu gebrauchen. Von Kaisern verhätschelt, die um ihr Leben zitterten, dachten sie nicht mehr an Disziplin. Wer sollte sie ihnen beibringen? Gewiß nicht ihre Offiziere. Diese waren auf Beliebtheit aus wie nur heute irgendein Politiker. Es war für sie der einzige Weg zur Macht. Zwangsläufig verschlampte das Heer. Nicht mehr hartgesottene Kämpfer, die auf Roms tausendjährige Unbesiegtheit stolz waren, bewachten die Grenzen, sondern eine Soldateska, in der jeder nur an seinen eigenen Vorteil dachte. Mit anderen Worten: Die Grenzen wurden nur noch kümmerlich bewacht. Hinter ihnen lagen alle Reichtümer des Imperiums, vor ihnen lauerten Horden hungriger Barbaren, und nichts war da, sie zu schützen. Nur eine demoralisierte Armee sollte die Fremden daran hindern, die Grenze zu überschreiten und sich ihr Teil zu holen.

Für die Barbaren war das Reich eine große Verlockung. In Wahrheit war es aber längst bankrott. Die jedes vernünftige Maß überschreitenden Schenkungen, die jeder der rasch wechselnden Kaiser dem Heer zukommen ließ, hatten die Staatsfinanzen ruiniert. Nun hatten gnadenlose Steuern auch den Steuerzahler ausgeplündert, der nicht nur für die unverantwortlichen Eskapaden der Kaiser aufzukommen hatte, sondern jedesmal, wenn es Barbaren darauf anlegten, auch noch die zusätzlichen Lasten der Kriegführung zu tragen hatte.

Zu all diesen Katastrophen gesellte sich unvorhergesehen eine weitere hinzu: die Pest. Im Jahre 250 n. Chr. brach sie in Ägypten aus. Rasend verbreitete sie sich über das gesamte Mittelmeergebiet und die italienische Halbinsel. Es gab keine Rettung vor ihr. Sie wütete 15 Jahre. An einem einzigen Tage raffte sie einmal in Rom 5000 Menschen dahin. Philippus fiel in der Schlacht. Gemessen am Tod anderer Kaiser, war dies fast ein »natürlicher« Tod. Er kämpfte nicht gegen Barbaren, sondern gegen einen Usurpator, der, wie üblich, von den Truppen proklamiert worden war. Sein Name: Decius.

Decius war ein maßvoller Mann. Sein Regime dauerte zwei Jahre. Er führte einige Reformen durch – unter anderem versuchte er, Roms Traditionen wieder Respekt zu verschaffen. Eine der darauf abzielenden Maßnahmen trug ihm für immer einen schlechten Ruf ein: Er bestand darauf, daß auch die Christen, deren Anhängerschaft ständig wuchs, Roms Göttern opfern sollten. Wer sich weigerte, wurde verfolgt. Damaliger Praxis entsprechend, waren die Strafen von ausgesuchter Grausamkeit. Dennoch weigerten sich viele Christen, viele allerdings auch nicht. Die Kirche lebt vom Blut ihrer Märtyrer. Die Verfolgung unter Decius spielt eine bedeutende Rolle in ihrer Geschichte. Allerdings ging es Decius nicht wirklich um den christlichen Glauben, der ihm gleichgültig war. Er sah in den Christen nur eine von vielen orientalischen Sekten, die Roms Bürger faszinierten. Decius versuchte einzig und allein, in dem zerbröckelnden Staatswesen wieder einigermaßen Ordnung zu schaffen. Dann überschritten die Goten die Donau. Decius zog ihnen entgegen, und bei Abrittus (auf dem Balkan) kam es zur Schlacht. Decius kam in einem Sumpf um. Gallus hatte ihn dorthingelockt, und für seine kühne Tat proklamierten die Truppen ihn zum Kaiser.

Weder bei Gallus, noch bei seinem Nachfolger Aemilianus brauchen wir uns lange aufzuhalten. Gallus regierte zwei Jahre, Aemilianus, der ihm den Thron raubte, nur ganze drei Monate. Beide wurden von den Truppen gewählt, beide von den Truppen umgebracht. Länger müssen wir jedoch beim Nachfolger beider, bei Valerian, verweilen. Sein trauriges Los war es, zum grotesken, makabren Symbol des absoluten Tiefpunktes der einst so ruhmreichen Geschichte Roms zu werden.

Die Goten griffen abermals das Reich an. Und abermals war Schapur I., der Perserkönig, entschlossen, die Römer aus Syrien zu verjagen. Die Pest wütete. Valerian zog gegen die Goten nach Kappadokien, doch ihm waren die Hände gebunden, denn die Pest hatte seine Truppen dezimiert. Da erreichte ihn die Nachricht, Schapur sei im Anmarsch. Valerian zog mit seinem Heer nach Syrien. Anfangs hatte er sogar Erfolge. Doch bei Edessa wandte sich das Blatt. Schapur trat ihm mit solcher Übermacht entgegen, daß jeder Kampf aussichtslos erschien. Valerian und sein Heer zogen sich in ihr Lager zurück. Schapur konnte warten. Die Pest arbeitete für ihn.

Bald hungerten die Soldaten. Sie warfen dem Kaiser ihr Elend vor und verlangten Abhilfe. Valerian blieb nur der Ausweg, Schapur eine Riesensumme zu bieten, um freien Abzug für seine Truppe zu erreichen. Vom Kampf konnte keine Rede sein. Doch der Perser wollte kein Geld. Er wies das Angebot voller Verachtung zurück und verlangte Valerian zu sprechen. Vielleicht war Valerian mutig, vielleicht auch nur leichtsinnig, jedenfalls ging er darauf ein. Schapur ließ ihn ohne Umschweife ergreifen. Die Perser führten den römischen Kaiser, den Nachfolger der großen Caesaren, gebunden als Gefangenen davon. Schapur soll Valerian mit Demütigungen überhäuft haben. So ließ er ihn neben seinem Pferd knien und benutzte ihn als Tritt zum Aufsteigen. Die Nachricht von Valerians Gefangennahme erschütterte die Welt, nur einen nicht, dem die Rache zugefallen wäre: Valerians einzigen Sohn Gallienus. Er hatte an der Seite seines Vaters regiert und war vielleicht gar nicht unglücklich, nun Alleinherrscher zu sein. Jedenfalls unternahm er nichts, um Valerian zu retten, der als Gefangener starb. Als grausigen Beweis, daß es mit dem Römerreich aus sei, soll Schapur die mit Stroh ausgestopfte Haut des Toten bei seinen Reisen mit sich geführt haben.

7.4 Odaenath und Zenobia

Von Palmyra aus betrachtet, war die Lage düster. Auf der einen Seite stand der siegreiche Schapur, der den römischen Kaiser gefangengenommen hatte. Auf der anderen das Reich, bedroht von Invasoren an seinen Grenzen, gepeinigt von der Pest und von einem neuen Kaiser regiert, der sich gegen einen Usurpator nach dem anderen zu wehren hatte. Der Griff nach der Macht war längst nicht mehr Sache intriganter Truppenkommandeure. Man riß sich förmlich um den kaiserlichen Purpur. Nicht weniger als 19 Mann riefen sich zur Zeit

Gallienus' zum Kaiser aus. Gallienus überlebte zehn Jahre, bis er schließlich von seinem eigenen Stab ermordet wurde.

In diesen schrecklichen Zeiten fand Palmyra den richtigen Mann: den Senator Septimius Odaenathus. Wegen seiner hervorragenden Fähigkeiten hielt man ihn für den geeigneten Mann, die Stadt zu führen, und die Palmyrener wandten sich in ihrer Bedrängnis an ihn um Hilfe.

Odaenath war klug. Das Römerreich schwankte, und Schapur triumphierte. Ohne Mühe hätte der Perser ganz Syrien erobern können, hätte er sich nicht damit begnügt, die eroberten Gebiete rücksichtslos zu verwüsten. Er tötete zahllose Menschen, füllte Gräben mit den Leichen und ließ Tausende Hungers sterben. Dann zog er sich auf seine Besitzungen zurück. Diesen Mann beschloß Odaenath zu hofieren.

Er sandte Schapur einen Brief und dazu ein für Palmyra typisches Geschenk: eine mit Kostbarkeiten beladene Kamelkarawane. Sein Brief warb um die Freundschaft der Perser. Schapur ließ sämtliche Geschenke in den Euphrat schütten. »Wer ist dieser Odaenath«, fragte er, »der seinem Herrscher so unverschämte Briefe schreibt?« Er forderte Odaenath auf, mit auf den Rücken gebundenen Händen vor ihm zu erscheinen. Und wenn er dann vor seinem Thron nicht einen Fußfall vollzöge, werde er, Schapur, Palmyra und seine gesamte Bevölkerung ausrotten.

Man würde nicht glauben, wie Odaenath reagierte, wäre es nicht durch mehrere antike Autoren bezeugt. Die Palmyrener waren als Bogenschützen berühmt. Palmyrenische Schützen kämpften als gefürchtete Hilfstruppen im römischen Heer. Odaenath erklärte sich zum Fürsten von Palmyra. In aller Eile stellte er aus Stadt- und Landbewohnern ganz Syriens eine Armee auf. Man folgte ihm gern, denn er hatte im ganzen Land einen guten Ruf, und seine Leute waren entschlossen, sich am Perserkönig zu rächen.

Mit dieser eilig zusammengerafften Streitmacht griff er tollkühn Schapur an. Seine Soldaten stammten meist aus Beduinenhorden der Wüste. Von einer solchen Schar war nicht zu erwarten, daß sie einen Frontalangriff aufhalten würde, wenn nicht einmal die römischen Legionen standhielten. Daher umzingelte Odaenath das riesige Perserheer und beunruhigte es durch Störangriffe. Die Perserarmee galt zwar als tapfer, doch Disziplin war nicht ihre stärkste Seite.

Odaenaths Truppen dagegen folgten ihrem Anführer bedingungslos, denn in ihren Augen war er ein Held. So stießen Semiten und Perser zusammen, und die Semiten siegten. Schapurs Armee, durch die unaufhörlichen Störangriffe beunruhigt, löste sich einfach auf, wurde zum disziplin- und orientierungslosen Volkshaufen. Der hochnäsige Schapur sah sich Hals über Kopf zur Flucht gezwungen. Odaenath machte Gefangene und reiche Beute.

Damit war Odaenath ungekrönter König ganz Syriens. Es hätte niemanden überrascht, wenn er sich nun vom Römerreich losgesagt hätte, und jeder hätte es verstanden, wenn sein ungewöhnlicher Erfolg beim Kaiser Gallienus Verdacht erweckt hätte. Doch dieser Palmyrener war bei weitem der ungewöhnlichste Mann im damaligen Reich. Er hätte allen Grund gehabt, zu tun, was alle taten, und nach dem Thron zu streben. Vielleicht hätte er auch so gehandelt, wenn ihn eine Legion zum Kaiser ausgerufen hätte. Aber er zog den klügeren Weg vor und hielt Rom die Treue.

Dieser Entschluß war weitgehend auf Gallienus' diplomatisches Geschick zurückzuführen. Gallienus ist ein Rätsel. Sein Biograph in der HISTORIA AUGUSTA schildert ihn als launisch, träge, verschwenderisch und verweichlicht. Als eine Provinz nach der anderen in die Hände eindringender Barbaren fiel, soll er darüber (dies behauptet wenigstens sein Biograph) läppische Witze gerissen und getan haben, als ob ihn der Zusammenbruch der römischen Welt nichts anginge. Während Barbaren plünderten und mordeten, verbrachte er seine Zeit damit, Gedichte zu verfassen, sich um Gartenkultur zu kümmern und zu kochen. In all diesen Künsten soll er außerordentlich bewandert gewesen sein. Andererseits brachte er es durchaus fertig, sich an die Spitze seines Heeres zu setzen, gegen die Eindringlinge auszuziehen, sie zu stellen und abzuwehren. Eines dieser Unternehmen sei hier als Beispiel für alle geschildert.

Die Goten hatten sich mit einer Schwarzmeerflotte ausgerüstet, hatten den Bosporus angegriffen und waren in das Mittelmeer ausgefächert. Hier griffen sie von Piräus aus Athen an. Im Jahre 262 n. Chr. fiel die Stadt, die einst die Quelle jeglicher Kultur gewesen war. Nun befand sie sich in der Hand einer Horde von Analphabeten, die nichts als Vernichtung im Sinn hatten.

Mit dem gleichem Ergebnis griffen die Goten auch andere griechische Städte an, und zum Schluß rückten sie in Epeiros ein – nur noch durch die schmale Adria von Italien getrennt. Jetzt endlich setzte sich Gallienus in Bewegung. Er führte sein Heer nach Epeiros. Doch anstatt die Goten zu bekämpfen, verhandelte er mit ihnen. Er behandelte sie ganz partnerschaftlich, ließ sie keinerlei kulturelle Überlegenheit spüren und ging sogar so weit, ihrem Anführer konsularischen Rang zu verleihen. Die Goten waren geschmeichelt, von ihrem langen Raubzug erschöpft und von Kämpfen dezimiert. Daher zogen sie sich zum Schwarzen Meer zurück, woher sie gekommen waren.

Auch im Fall Odaenaths zeigt sich Gallienus' Geschick. Gallienus verlieh Odaenath den Titel eines *dux* und später sogar die hohe Ehre eines *imperators*.

Gelehrte haben lange über die HISTORIA AUGUSTA gerätselt. Heute betrachtet man die in ihr gesammelten Berichte weitgehend als Erfindungen. Waren auch Gallienus' Fehler alle erlogen? Vielleicht. Andererseits war er vielleicht in jeder Hinsicht ein Stümper, nur nicht als Kaiser in einer Welt, deren Probleme allerdings ihm über den Kopf wuchsen. In seinen letzten Regierungsjahren stemmte er sich kaum noch gegen die Flut der hereinbrechenden Katastrophen. Er starb bei einer Verschwörung. Odaenath erlitt das gleiche Schicksal. Sein Fürstentum fiel seiner zweiten Gemahlin, Zenobia, und ihrem Sohn Vaballath zu.

*

Vaballath, Zenobias Sohn, war noch ein Kind. Zenobia dagegen war eine der phänomenalsten Frauengestalten in der antiken Geschichte. Man verglich sie oft mit Kleopatra, und tatsächlich brachte sie sich selbst mit Kleopatra in Zusammenhang. Sie war eine Schönheit – dunkel und feurig: eine typische Syrerin (vielleicht war sie auch Jüdin, zumindest behaupten dies jüdische Historiker). Wie bei Kleopatra verband sich bei ihr Schönheit mit Intelligenz. Einen Gelehrten, den Neuplatoniker Longinos, ernannte sie zu ihrem obersten Ratgeber. Ihm schrieb man eine berühmte literarästhetische Schrift mit dem Titel PERÌ HÝPSUS (bzw. DE SUBLIMITATE [Über die Erhabenheit]) zu (sie stammt allerdings nicht von ihm). Zenobia führte endlose Diskussionen mit ihm und setzte jedermann durch die Brillanz ihres Geistes in Erstaunen. Dennoch war sie kein Blaustrumpf. Es hielt sie nicht lange im Luxus und Wohlleben, sondern sie zog mit ihrem Gatten auf die Jagd – ein gefährliches Abenteuer, denn Odaenath war ein leidenschaftlicher Jäger wilder Bestien. Oft unternahm Zenobia, wie ein Soldat bewaffnet, lange Fußmärsche. Außer ihrer semitischen Muttersprache beherrschte sie Latein, Griechisch und Ägyptisch. Außerdem verfaßte sie, so wird berichtet, ein Geschichtswerk. Man muß all das nicht glauben. Attraktive Königinnen verwirren leicht die Köpfe derer, die über sie schreiben. Doch ungewöhnlich begabt scheint Zenobia auf jeden Fall gewesen zu sein. Ihr Gatte war ein äußerst erfolgreicher Mann, von Gallienus, wie wir sahen, hochgeehrt. Vielleicht der beste Beweis für Zenobias Fähigkeiten ist es, daß Gallienus sie, als Odaenath starb, mit großem Argwohn betrachtete. Er weigerte sich, Odaenaths noch jungem Sohn die wohlklingenden Titel seines Vaters zu verleihen. Auch Gallienus' Nachfolger, Claudius Gothicus, blieb bei dieser Haltung. Zenobia reagierte auf diese Zurücksetzung, indem sie sich selbst zur Königin des Ostens krönte, ein Märchentitel, der der Legendenbildung nur förderlich sein konnte.

Angesichts der Schwierigkeiten, in denen sich das Reich befand – seiner Bedrohung durch Barbaren, seiner leeren Staatskasse und der allgemeinen Unzufriedenheit –, beschloß diese bemerkenswerte Frau, es sei an der Zeit, ein eigenes palmyrenisches Reich zu gründen. Sie lehnte sich nicht gegen Rom auf, nein: sie tat einfach, als gäbe es Rom überhaupt nicht. Rom selbst sah sich einer neuen Gefahr gegenüber. In Italien drangen Goten ein. Im Osten hatte Zenobia die Schlüsselposition Antiochien inne und ließ hier eigene Münzen schlagen. Von hier aus gedachte die neue Kleopatra Ägypten zu erobern. Sie setzte ein Heer von 70000 Mann in Marsch und errang damit einen raschen Sieg. So war sie bald Herrin über ein Territorium von Kappadokien und Galatien bis zum Nil. Dem Namen nach regierte ein Kind, ihr und Odaenaths Sohn Lucius Iulius Aurelius Septimius Vaballathus Athenodorus, in Wirklichkeit jedoch führte sie das Zepter.

Zenobia muß dies zu Kopf gestiegen sein, denn sie unternahm nun einen unklugen Schritt – sie beging den ersten Fehler ihrer bisher so glanzvollen Laufbahn. Sie vergaß ihre Vorsicht, kündigte Palmyras Bindung an Rom und verlieh ihrem Sohn Vaballath den Titel Augustus, das heißt: den *eigentlichen* Kaisertitel. Bisher hatten die Münzen, die sie schlagen ließ, noch das Bild des Kaisers gezeigt. Mit diesen Münzprägungen war es nun vorbei: Zenobias Bild verdrängte nun auf Münzen das Abbild des Kaisers.

Claudius Gothicus war gestorben. Nach nur 21 Monaten Regierung raffte ihn die Pest dahin. Den Purpur erhielt ein Mann einfacher Herkunft aus Illyrien bzw. Moesien: Lucius Domitius Aurelianus. Aurelian war durch und durch Soldat. Er hatte sich in der Reiterei hochgedient. Für ihn gab es nichts als Disziplin, und er brachte es tatsächlich fertig, etwas davon der sich auflösenden Armee einzuflößen. Die Strafen, die er verhängte, waren von ausgesuchter Grausamkeit. So ließ er einen Soldaten an auf den Boden niedergebogene Bäume anbinden, die dann, losgelassen, emporschnellten und den Unglücklichen in Stücke rissen. Es lag auf der Hand, daß ein solcher Mann eine Rebellion nicht durchgehen lassen würde.

Dennoch konnte Zenobia hoffen, ungeschoren davonzukommen. Niemals seit Hannibal hatte Rom sich in solcher Gefahr befunden. Aurelian mußte die Stadt von den Bürgern mit einer Mauer umgeben lassen, weil die Soldaten zu sehr damit beschäftigt waren, sich den Barbaren entgegenzustemmen. In einer solchen Lage war nicht damit zu rechnen, daß der Kaiser einen Mehrfrontenkrieg führen würde.

Gleichwohl zog Aurelian mit einer Armee nach Syrien. Zenobia hatte Antiochien zum Standquartier ausersehen. Aurelian traf vor der Stadt ein und schlug sein Lager auf. Zenobias Elitetruppe war die Reiterei. Ihr verdankte die neue Kleopatra ihre Siege. Aurelian wußte, daß die Reiter eine schwere Rüstung trugen. Er befahl daher seiner eigenen Kavallerie, ihnen auszuweichen und sie zur Verfolgung zu verleiten. Zenobias Reiterei griff vor der Stadt an. Aurelians Anordnungen wurden befolgt. Zenobias Männer ließen sich zu einer langen Hetzjagd in der heißen Sonne provozieren, die ihnen in ihren schweren Rüstungen den Schweiß aus allen Poren trieb. Bald waren sie erschöpft. Nun stürzten sich Aurelians Leute auf sie und hieben sie in Stücke.

Für Zenobia war diese Niederlage ein schwerer Schlag. Hinzu kam, daß die Bewohner Antiochiens keine Miene machten, sich auf eine so wenig aussichtsreiche Sache einzulassen. Andere Städte hatten dem nach Antiochien ziehenden Aurelian ihre Pforten geöffnet, und eine Stadt, Tyana, die sich widersetzt hatte, war sogar von ihm vor der Plünderung verschont worden, als sie sich schließlich ergab. Die ehrgeizige Frau in ihrer Mitte erschien den Antiochenern als eine Gefahr.

Zenobia und ihr Oberkommandierender entschieden, es sei besser, sich abzusetzen. Sie wollten den Kampf in und bei ihrer Stadt Palmyra austragen. Aber es war nicht einfach, aus Antiochien herauszukommen. Es war zu erwarten, daß die Stadtbewohner das Militär am Entkommen hindern würden, um Rom ihre Loyalität zu beweisen. Man mußte sich auf eine List verlegen. So verbreiteten die Palmyrener das Gerücht, die Römer seien geschlagen. Ein Mann wurde als Aurelian verkleidet und die Behauptung ausgestreut, der Kaiser sei gefangen. Damit täuschte man die Bürger, und Zenobia zog mit ihrer Armee unbehelligt bei Nacht und Nebel davon. Aurelian folgte ihr auf palmyrenisches Gebiet. Bei Emesa, knapp 130 Kilometer von Palmyra entfernt, kam es zur Schlacht. Abermals setzte Aurelian seine leichte Reiterei gegen Zenobias schwerbewaffnete Kavallerie ein. Doch diesmal waren die Palmyrener aus Erfahrung klug geworden. Sie zerstreuten Aurelians berittene Streitkräfte in alle Winde. Aurelian rief die Legionen zum Kampf nach der üblichen Taktik. Sie schlugen Zenobias Fußtruppen und trieben sie in die Flucht. Dann wandten sie sich gegen die Reiterei, die im Durcheinander der Schlacht nicht auf Rückendeckung geachtet hatte. Hier richteten sie ein fürchterliches Blutbad an. Zenobia und ihr General Zabdas riegelten sich in Palmyra ein. In aller Eile wurden Befestigungen angelegt. Zenobia ging so weit, einige der großen architektonischen Monumente Palmyras niederreißen zu lassen, weil man die Steine als Baumaterial brauchte.

Zenobia verließ sich auf ein noch wirkungsvolleres Verteidigungssystem als Mauern: auf die Wüste, die Palmyra rings umgibt. Außerhalb der Stadt mit ihrem Grün gab es nur wenige Oasen und keinerlei Versorgungsmöglichkeit. Hinter diesem doppelten Befestigungsring wartete sie zuversichtlich auf Unterstützung durch die Perser. Aurelian war entschieden in Schwierigkeiten. Um seinen Nachschub war es nicht gut bestellt, und die Bevölkerung stand ihm feindselig gegenüber. Und der Gedanke an einen zweiten ausgestopften Kaiser stellte für Schapur keine geringe Versuchung dar. Doch im entscheidenden Augenblick starb Schapur, und damit blieb die massive Hilfe für Zenobia aus. Nun belagerte Aurelian Palmyra. Allerdings war dies keineswegs leicht. Die Palmyrener verteidigten sich erbittert und errangen sogar den eindrucksvollen Erfolg, daß der Kaiser von einer Lanze verwundet wurde. Aurelians Situation wurde so kompliziert, daß er mit Zenobia zu verhandeln suchte. Doch sie spielte sich ganz als große Dame auf und wollte davon nichts wissen. Ohne Zweifel fühlte sie sich jetzt als echte Heroine.

Heroismus war freilich dem Pragmatismus eines altgedienten Soldaten nicht gewachsen. Aurelian griff zu dem ganz unheroischen Mittel, Zenobias Verbündete in der Wüste zu schmieren, so daß sie ihre Nachschublinien nach Emesa störten. Nun konnte Aurelian seine Truppen versorgen, Zenobia jedoch nicht. Unter den Palmyrenern breitete sich Hunger aus. Ein kleines Kontingent persischer Truppen, das zu ihrem Entsatz anrückte, stärkte vielleicht Zenobias Hoffnung, doch sie wurde wieder gedämpft, als Aurelian die Perser gefangennahm.

Ohne Verbündete und mit einer hungernden Armee zeigte sich Zenobia ebenso pragmatisch wie Aurelian. Sie beschloß, davonzulaufen. Die »Königin des Ostens« bestieg ein Dromedar und machte sich durch die Wüste davon – ein romantischer Schnörkel der Geschichte. Selbst der nüchterne Edward Gibbon verlor darüber den Kopf. Seiner Schilderung des Ereignisses fügt er eine begeisterte Fußnote über Dromedare hinzu, die rascher seien als jedes Pferd – eine erstaunliche Behauptung, denn nur ein bis zwei Zeilen später verzeichnet er, daß Aurelians Reiterei Zenobia knapp 100 Kilometer von Palmyra entfernt einholte und gefangennahm. Aurelian hatte schon einige Rebellen zum Tode verurteilt. Das gleiche Schicksal vor Augen, schob Zenobia erst alles auf ihre Ratgeber und nannte dann sogar deren Namen. Nach dieser schimpflichen Kapitulation erklärte man, man werde ihr Leben und das ihres Sohnes Vaballath schonen, denn beide seien vorgesehen, in Aurelians Triumphzug durch Rom eine Rolle zu spielen.

Von den folgenden Ereignissen geben die Quellen zwei Versionen. Nach der einen soll Zenobia beim Gedanken daran, daß man sie in Ketten durch Rom schleifen wollte, ihr Vorbild Kleopatra nachgeahmt und Selbstmord begangen haben. Nach der zweiten Lesart habe sie die Schmach auf sich genommen. Sie sei im Triumphzug mitgezogen und habe später nicht schlecht gelebt.

Aurelians Triumph ist eine so berühmte Szene im Buch der Geschichte, daß man ihn schlechterdings nicht übergehen kann. Daß Aurelian ihn feierte, ist gewiß. Ob Zenobia dabei war oder nicht, bleibt dagegen unsicher. Ein römischer Triumph bestand aus einer langen Prozession vom Titusbogen an einem Ende des Forums über die Via Sacra (die »Heilige Straße«) zum Bogen des Septimius Severus, dann ein steiles Stück zum Kapitol hinan bis schließlich hin zum Tempel des kapitolinischen Jupiter. Hier brachte der Sieger ein Opfer aus der Beute dar.

Aurelians Triumph bewies bemerkenswerten Sinn für Show. Eine Parade wilder Tiere eröffnete ihn, gefolgt von 1600 Gladiatoren. Wie die Parade eines Wanderzirkus ließ dies bereits ahnen, welche Art von Unterhaltung die Römer in den Tagen nach dem Triumphzug erwartete. Nachdem Aurelian damit die Ängste der Bürger betäubt hatte, stellte er den eroberten Reichtum zur Schau. Seine Beute bestand aus Dingen wie Goldplatten, Statuen, Geldtruhen und anderen Schätzen, die ins Auge fielen. Befördert wurden sie auf hölzernen Tragen, die jeweils von vier Männern geschleppt wurden. Abordnungen aus besetzten Gebieten schlossen sich an, dann Scharen von Gefangenen, und vor jeder Gefangenengruppe ging ein Mann mit einer Tafel, die die Herkunft dieser Leute angab. Vor allem beschäftigten zehn Gotinnen die Phantasie, die an der Seite ihrer Männer gekämpft hatten. Dann folgten Zenobias Wagen und Zenobia selbst, dermaßen mit Schmuck überladen, daß sie fast unter der Last zusammenbrach. Den Zuschauern entging nicht, daß ihre Juwelen nun Staatseigentum waren. Ihren Hals umschloß ein goldener Ring. An ihm war eine goldene Kette befestigt, die ein Sklave hielt. Ähnlich mit Ketten behangen war ihr Sohn Vaballath. Da es keinen weiteren Höhepunkt gab außer dem Kaiser selbst, folgte dieser nun in einem von Hirschen gezogenen Wagen. Hinter ihm Truppenkontingente und der Senat. Die Prozession begann am frühen Morgen und war erst gegen drei Uhr nachmittags am Kapitol angelangt. Zenobias Lohn war ein Landsitz in der Umgebung von Rom, wo sie einen friedlichen Lebensabend verlebte – natürlich nur, falls sie sich nicht schon vorher in Syrien umgebracht hatte.

7.5 Der Sand

Was immer Zenobias Schicksal war – noch hatten die Palmyrener nicht genug. Aurelian wußte das und ließ sie daher durch seinen »Oberbefehlshaber Ost«, Marcellinus, im Auge behalten. Insbesondere sollte er darauf achten, daß sie keine Unterstützung seitens der Perser erhielten. Tatsächlich organisierte ein Palmyrener namens Apsaeus, der sich mit anderen verschworen hatte, einen neuen Aufstand. Das Ziel war, Palmyra den Status eines unabhängigen Fürstentums zu erhalten. Doch zuerst machte Apsaeus den Vorschlag, Marcellinus zum Kaiser zu proklamieren. Aber die Palmyrener waren keine Legionäre. Sie waren Kaufleute mit einer geschlagenen Armee. So hörte Marcellinus sich an, was man ihm antrug, und meldete es Aurelian. Dieser zog mit unerwarteter Eile in Gewaltmärschen herbei. Sozusagen im Handumdrehen zahlte er es den Kaufleuten heim. Er nahm die Stadt ein und ließ sie plündern. Er ließ weder die Gebäude schleifen noch den Handel unterbinden, doch Palmyra erholte sich nie wieder. Palmyras große Zeit war vorbei. Zwar zogen weiterhin Karawanen durch die Kolonnaden, beteten weiterhin Kaufleute im großen Tempel. Doch es gab keine Neubauten mehr – bis auf einen. Er ist heute eine ziemlich trostlose Ruine. Eine Treppe führt zu einer Reihe von Säulen hinauf, von denen noch vier stehengeblieben sind. Dazwischen liegt der Zentralraum einer Kultstätte. Es ist der Tempel der *signa* (Feldzeichen), wo die Römer ihre Standarten aufbewahrten. Davor dehnen sich die Reste eines Römerlagers aus, mathematisch geordnet wie stets. Es wurde auf Befehl Kaiser Diokletians errichtet. Danach entstand kaum noch etwas von Bedeutung, abgesehen von einigen Mauern aus der Zeit Justinians. Doch nun hatten die Kaiser Rom längst verlassen und residierten in Konstantinopel, das Palmyra näher lag als die alte Hauptstadt. Konstantinopel brauchte noch Karawanen, und das war der Grund, weshalb Justinian Palmyra befestigen ließ. Doch von seinen Mauern ragt nur noch wenig aus dem Sand.

Schließlich brachten Barbaren Rom in ihre Gewalt. Seine majestätischen Paläste und Amphitheater begannen zu zerbröckeln. Seine Bevölkerung ging zurück, doch Palmyra blieb weiterhin eine Handelsstadt, friedlich und fleißig. Allerdings verschwendete man seine Mittel nicht mehr für Bauausgaben. Die Araber kamen aus der Wüste, nahmen die Stadt ein und begaben sich auf größere Eroberungszüge. Im 11. Jahrhundert überstand Palmyra ein Erdbeben, doch das Ende der Stadt war in Sicht. Im 14. Jahrhundert benutzte man andere Handelsrouten. Seefahrer waren an die Stelle der Kameltreiber getreten. Palmyra starb aus, bis nur noch eine Handvoll ärmlicher Bauern in ein paar Hütten innerhalb der Ruinen des Beltempels ihr kümmerliches Dasein fristete. Sand drang ein, verschlang die Säulen, und jedes Jahr versank die Stadt tiefer im Sand.

Leptis Magna verfiel rascher. Leptis Magna wurde von jenen Plagen heimgesucht, die das gesamte Römische Reich erschütterten: Verarmung, Pest, Aufstände und Ausbeutung ruinierten den Handel, ließen die Säule brüchig werden, auf der seine Existenz ruhte. Auch Leptis Magna hatte seine Grenzlandbarbaren. Es waren Stämme im Landesinnern. Ich habe geschildert, wie Rom sie in Schach hielt. Doch in dem Maße, wie Roms Macht schwand, wuchs das Selbstvertrauen der Stammesleute. Mehrmals griffen sie Leptis Magna an, und schließlich kamen die Vandalen, drangen in Afrika ein und gründeten hier ein Königreich.

Das neue Rom, Konstantinopel, sandte Streitkräfte, die sie niederwarfen. Konstantinopels siegreicher Feldherr, Belisar, umgab den Hafen mit einer Mauer, um die Verbindung zu Konstantinopel sicherzustellen. Doch um den Rest der Stadt kümmerte man sich nicht mehr. Hier gewann der Sand die Oberhand. Leptis Magna war bereits zur Hälfte verlassen. Der Sand drang weiter vor, und immer mehr Bewohner wanderten aus. Schließlich war Leptis Magna menschenleer. Seine Ruinen wurden zum Steinbruch. Seine Säulen verschleppte man nach Europa, davon 200 in den Park von Windsor in England. Dort stehen sie noch immer.

Zufällig war es gleichfalls Justinian, der das letzte Bauwerk in Leptis Magna errichtete, das noch heute erhalten ist. Wahrscheinlich ist es eine christliche Kirche. Heute stehen nur noch Mauern aus mächtigen Blöcken und einige Bögen. Doch es besteht bereits aus wiederverwendeten Steinen. Kein Zweifel – schon damals muß es Ruinen in Leptis Magna gegeben haben, die dieses Material lieferten.

8 NACHSPIEL IN PETRA

Für jeden, der sich mit Geschichte befaßt, kommt der Zeitpunkt, wo er die Lust verliert. Gibbon meint, es läge daran, daß man immer nur mit Verbrechen und mit Irrsinn zu tun hat. Diese Bemerkung ist pessimistisch genug, doch die Wahrheit ist noch schlimmer. Verbrechen können Spannung erzeugen, Verrücktheit kann reizvoll und liebenswert sein – doch kreuz und quer durch die Geschichte mit monotoner Stereotypie immer nur die gleichen Verbrechen, die gleichen Verrücktheiten ... Wenn man in dieser Stimmung ist, sollte man nach Petra fahren. Über Petras Geschichte kann niemand weinen, denn man weiß fast nichts über sie. Außerdem ist »die rosenrote Stadt, halb so alt wie die Zeit« (wie man Petra etikettiert hat) ein fesselnder, fast unwirklicher Anblick. Hier steht man vor genau jenen Ruinen, die wohl niemanden in Verwunderung setzen würden, wenn man sie auf der Rückseite des Mondes gefunden hätte.

Petra ist keineswegs rosenrot. Erst jüngst hat ein Reisender, John Knowles, sehr treffend geäußert: Petra hat haargenau die Farbe von geräuchertem Lachs. Es ist auch keine Stadt mehr, was immer es im Altertum gewesen sein mag. Alle bedeutenden Architekturreste sind Gräber. Mit Fug und Recht könnte man Petra daher am treffendsten als Friedhof bezeichnen. Auch so übermäßig alt ist es nicht. Tatsächlich ist es jünger als die Ruinen hier in Rom, wo ich meinen Hund ausführe. Doch Petra verschlägt einem die Sprache wie kein anderer Ort auf der Welt, ausgenommen vielleicht den großen Tempel von Karnak. Unter den riesigen Säulen dieses altägyptischen Bauwerks vergißt man zu denken, zu kombinieren, zu analysieren. Man vergißt Daten und Fakten und berauscht sich nur noch an dem erhebenden Gefühl, daß Menschen fähig sind, so etwas zu bauen. Jedenfalls so lange man dort ist. Ist man erst wieder fort, gibt es viel nachzulesen. Geschichte. Und der Zauber ist dahin, erstickt im üblichen Wirrwarr von Blut und Borniertheit. Petra bleibt ein Wunder, denn Petra bleibt ein Rätsel. Ich werde zusammenfassen, was wir wissen – es ist wenig genug.

Ein Stamm des Volkes, dessen Geschicke wir verfolgt haben – der Semiten – verließ die Wüste und ließ sich unweit des Golfes von Eilat (bzw. Elath [Golf von Aqâba]) nieder. Hier freilich war das Land kaum menschenfreundlicher als das Gebiet, das er verlassen hatte. Es war ein großes, arides, von kahlen Bergen umragtes Becken. Den einzigen Zugang gewährte eine enge Kluft, ähnlich den Klüften, die in Erzählungen zu Örtlichkeiten wie Shangri-La führen. Heute reitet man zu Pferde durch diese Felsspalte, und sie ist gerade breit genug für das eigene Pferd und das des Führers. Da Archäologen meinen, mit einer Erklärung für einen so seltsamen Zugang durch den Schoß der Erde aufwarten zu müssen, behaupten sie, dieser Engpaß sei besonders gut zu verteidigen gewesen. Das war aber nicht der Fall. Ein Angreifer brauchte nur den Cañon zu blockieren und das Felsbassin mit Truppen zu umstellen, um dessen Bewohner binnen kurzem auszuhungern. Tatsächlich eroberten Trajans Truppen Petra ohne sonderliche Schwierigkeiten.

Die Wahrheit ist, daß vor den Römern kaum ein Machthaber je wünschte, Petra zu erobern. Petra war zu nützlich. Es lag an jenen Karawanenstraßen, die, wie wir gesehen haben, die Pulsadern der antiken Welt waren. Die Nabatäer waren ein friedfertiges Volk, das dem Handel und dem Ackerbau nachging. Sie wurden reich, doch nicht übermäßig wie die Karthager oder die Palmyrener. Man hätte sie vergessen, hätten sie nicht eine besondere spielerische Begabung bewiesen. Fast anderthalb Kilometer reitet der Reisende durch die enge Klamm, oft selbst am hellichten Tag in tiefem Dämmerlicht. Schließlich gelangt er zu einem Dreiwegbogen. Hier ist der Eingang zur Stadt. Hinter dem Bogen liegen, von einer Römerstraße zerschnitten, zahlreiche Ruinen. Es gibt ein Amphitheater, ein Forum, ein Gymnasium, all das, was zu einer römischen Stadt gehörte. Wer Leptis Magna oder ein Dutzend anderer Städte rings um das Mittelmeer gesehen hat, schaut kaum noch hin. Viel eindrucksvoller ist, was sich ringsumher tut. Die Straße führt mitten in ein ungeheures Felsenrund. Wie von Honigwaben sind diese Felsen mit Gräbern durchsetzt, durchwachsen. Es sind Hunderte von Gräbern – einige in einfachen Formen mit dunklem, länglichem Eingang und kaum verzierten Fassaden. Das sind die älteren Grabstätten. Andere wieder haben so reichverzierte Fronten wie christliche Barockkirchen. All das geschäftige, lärmende Treiben dieser Handelsstadt spielte sich wie in einem Amphitheater ab – gleichsam mit den Toten als stummen Zuschauern.

Diese Gräber wurden direkt in den Felsen gehauen. Sehen sie aus einiger Entfernung rosarot aus, wirken sie aus der Nähe wie von einem betrunkenen Kulissenmaler bekleckst. Man sieht förmlich die großen Pinselstriche, mit denen sie beschmiert wurden – all die aus Stein gehauenen Pfeiler und Türstürze. Es gibt Streifen von Grün, Feuerbronze, Primelgelb, tiefem Purpur, kühlem Grau und Blau. Doch all das ist nur die natürliche Färbung des Gesteins, deren Wirkung man mit großem Geschick einkalkuliert hat, um Gräber zu schaffen, die ebensoviel Würde wie Festlichkeit atmen. Sandstürme und die Zeit haben die Oberflächen poliert, und nun scheinen die Fassaden zu zerfließen, als ob man sie durch klares Wasser hindurch erblickte.

Das ist verblüffend genug. Doch ich kam aus Rom. Für mich hatten diese Fassaden etwas so Erstaunliches, daß ich mich zutiefst beunruhigt fühlte. Vor allem drei Gräber unterscheiden sich von allen übrigen. Sie zeigen klassische Architekturformen mit Säulen, Kapitellen, Portalen und Fenstern. In allen früheren Kapiteln haben wir uns in dieser Architektur bewegt; sie mochte nobel sein wie in Leptis Magna, steif wie in Timgad oder üppig wie in Palmyra. Im 17. Jahrhundert der christlichen Zeitrechnung übernahmen italienische Architekten in Rom diesen Stil und studierten seine strengen Regeln. Doch Künstler wie Maderna, Bernini und Borromini überschritten, einmal im Besitz des baulichen Könnens von Griechen und Römern, die erlernten Stilgesetze und bereicherten die Architektur durch eine neue Vielfalt. Ihre Fassaden bogen sich, kamen in Bewegung. Sogenannte »gesprengte Giebel« schossen wie Pfeile in den Himmel, schwelgerisch ausgeformte Gesteinsmassen kontrastierten mit schattenerfüllten Eintiefungen, ein Formelement bildete jeweils das Echo des anderen, kontrastierend wie kontrapunktische Musik. Der klassische Stil erhielt neues Leben, neue Blüte, seine Formen plusterten sich förmlich auf und bekamen etwas Verspieltes. Genau die gleiche Entwicklung hatte schon in den ersten Jahrhunderten der christlichen Ära bei den Nabatäern in Petra stattgefunden. Hier findet sich römischer Barock mit all dem ihn charakterisie-

Zeittafel

Seit dem 3. Jh. v. Chr.:	Auswanderung von Semiten aus den Wüsten- und Steppenzonen Nordarabiens in die angrenzenden Gebiete
Seit etwa 2500 v. Chr.:	Erste semitische Wanderbewegungen nach Syrien und Palästina
Um 2000 v. Chr.:	Gründung von Tadmor (Palmyra); desgleichen von Tyros (beide Städte schon in Texten des 19.–17. Jhs. v. Chr. erwähnt)
10. Jh. v. Chr.:	Herrschaft König Salomos
814 v. Chr.:	Vermutlich Gründung von Karthago
Um 500 v. Chr.:	Angeblich Gründung von Leptis Magna (wirkliches Gründungsdatum vielleicht früher); desgleichen erste Gräber in Petra
264–241 v. Chr.:	Erster Punischer Krieg
218–201 v. Chr.:	Zweiter Punischer Krieg
149–146 v. Chr.:	Dritter Punischer Krieg
100 n. Chr.:	Gründung von Timgad
106 n. Chr.:	Petra von den Römern erobert
272/273 n. Chr.:	Fall Palmyras
455 n. Chr.:	Vandalen erobern Leptis Magna
6. Jh. n. Chr.:	Leptis Magna wird verlassen
634 n. Chr.:	Chālid ibn al-Walīd erobert Palmyra
643 n. Chr.:	Die Araber dringen in Leptis Magna ein